essentials

Christopher Hahn

Der Beteiligungsvertrag

Ein Überblick für Start-ups und
Investoren

3., aktualisierte Auflage

Christopher Hahn
trustberg
Berlin, Deutschland

ISSN 2197-6708   ISSN 2197-6716 (electronic)
essentials
ISBN 978-3-658-44427-3   ISBN 978-3-658-44428-0 (eBook)
https://doi.org/10.1007/978-3-658-44428-0

Die Deutsche Nationalbibliothek verzeichnet diese Publikation in der Deutschen Nationalbibliografie; detaillierte bibliografische Daten sind im Internet über https://portal.dnb.de abrufbar.

Planung/Lektorat: Catarina Gomes de Almeida
Springer Gabler ist ein Imprint der eingetragenen Gesellschaft Springer Fachmedien Wiesbaden GmbH und ist ein Teil von Springer Nature.
Die Anschrift der Gesellschaft ist: Abraham-Lincoln-Str. 46, 65189 Wiesbaden, Germany

Das Papier dieses Produkts ist recycelbar.

Was Sie in diesem *essential* finden können

- Einen Einblick in Funktionsweise und typische Regelungen eines Beteiligungsvertrages
- Einen Überblick über Ablauf und Inhalt einer Finanzierungsrunde
- Eine Übersicht über Durchführung und Struktur der Kapitalerhöhung zur Aufnahme eines Investors
- Einen Überblick über Zweck und Inhalt der Gesellschaftervereinbarung sowie relevante Nebenvereinbarungen
- Zahlreiche Übersichten zum illustrativen Verständnis

Vorwort

Der Beteiligungsvertrag (Investment Agreement) sowie die Gesellschaftervereinbarung (Shareholder's Agreement) sind das rechtliche Herzstück der Finanzierungsrunde zur Aufnahme eines Investors und zugleich der „Fahrplan" der weiteren Kooperation mit dem Investor als neuen Gesellschafter. Sie regeln dabei nicht nur die Höhe und den Ablauf des Investments selbst, sondern enthalten darüber hinaus regelmäßig zahlreiche Bestimmungen für das weitere Miteinander zwischen den Gründungsgesellschaftern und dem Investor als Neugesellschafter.

Die vorliegende Darstellung ist in ihren Grundzügen dem mittlerweile ebenso in der 3. Auflage erschienenen erfolgreichen Hauptwerk „Venture Capital – Finanzierung und Bewertung von Start-up-Unternehmen", dessen Herausgeber der Autor ist, entnommen. Dieser Beitrag wurde für das vorliegende Springer *Essential* wiederum vollständig aktualisiert sowie an vielen Stellen ergänzt. Wie schon im Ursprungswerk liegt auch hier ein besonderes Augenmerk bei den zahlreichen illustrativen Übersichten, die den Gründern sowie auch dem potenziellen Investor/Business Angel das Verständnis des Beteiligungsvertrages sowie seiner relevanten Nebenvereinbarungen erleichtern sollen. Über Fragen oder Anmerkungen freut sich der Autor unter christopher.hahn@trustberg.com.

Christopher Hahn

Inhaltsverzeichnis

Über den Autor

 **Dr. Christopher Hahn** Rechtsanwalt, Partner
trustberg Rechtsanwälte Berlin, München
christopher.hahn@trustberg.com

Die Umsetzung *(„execution")* innovativer Ideen kostet Geld; ohne Umsetzung sind Ideen wenig wert. Gerade bei digitalen Geschäftsmodellen und im Hightechbereich benötigt ein junges Unternehmen insbesondere in der Anfangsphase einen stark wachstumsorientieren Kapitalzufluss. In diesem Zusammenhang ist daher die Unterstützung durch **Risikokapital („Venture Capital")** von besonderem Interesse. Neben professionellen Venture Capital-Gesellschaften lassen sich zunehmend auch Privatpersonen für ein Investment in die meist digitalen Unternehmen begeistern. Als **Business Angels,** die aufgrund ihres bisherigen beruflichen und unternehmerischen Werdegangs häufig eine besondere Branchenaffinität zu dem jeweiligen Geschäftsmodell haben, bringen sie als Investoren nicht nur wertvolles Kapital ein, sondern unterstützen die Gründer aufgrund ihrer Kontakte und Erfahrungen auch wertvoll **(„smart money")** bei der Weiterentwicklung der Geschäftsidee zu einem tragfähigen Geschäftsmodell.

Die Beteiligung eines Investors an dem Start-up erfolgt regelmäßig über eine **stille** (ohne Mitwirkung an der Geschäftsleitung), seltener über eine **aktive Teilhabe** (unter Mitwirkung an der Geschäftsführung). Als Gegenleistung für sein Investment erhält der Investor eine Beteiligung in Form von **Anteilsrechten** am **Unternehmenskapital.** Das Besondere an einem VC-Geber ist, dass dieser eine stark erhöhte **Risikobereitschaft** hat, da stets die Möglichkeit des Totalverlustes seiner Investition besteht. Er investiert daher in der Regel diversifiziert in mehrere junge Unternehmen und hofft, mit einer Investition seine anderen Verluste überkompensieren zu können.

„Venture Capital" („VC") bedeutet wörtlich Risiko- oder Wagniskapital. Die Kapitalbeschaffung durch Venture Capital unterscheidet sich von der klassischen Kreditfinanzierung (durch Fremdkapital) dadurch, dass der Investor ohne Stellung

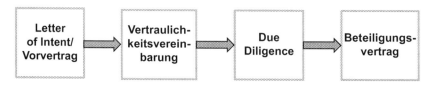

Abb. 1.1 Der Ablauf der ersten Finanzierungsrunde

von Sicherheiten eine Investition in Form von voll haftendem Eigenkapital ein-
geht, das nicht verzinst wird und vom Unternehmen nicht zurückgezahlt werden
muss.

Die Beteiligung des Investors sowie die Bereitstellung seines Investments
erfolgen im Rahmen einer sog. **Finanzierungsrunde**, die (s. Abb. 1.1) in
die Stadien Letter of Intent, Abschluss einer Vertraulichkeitsvereinbarung, Due
Diligence sowie Abschluss des Beteiligungsvertrages („Investment Agreement")
untergliedert werden kann. Erfolgreich abgeschlossen ist eine Finanzierungsrunde
erst dann, wenn der Beteiligungsvertrag zwischen dem Unternehmen und dem
Investor wirksam geschlossen wurde und das dort vereinbarte Investment dem
Unternehmen tatsächlich zugeflossen ist.

> Die **erste Finanzierungsrunde** wird in Abgrenzung zu den nachfolgenden
> Finanzierungsrunden zur Deckung weiteren Kapitalbedarfs auch „Seed-"
> oder „Pre-Seed-Runde" genannt, sodann **Serie A** oder (engl.) Series A,
> die entsprechende Folge- bzw. Wachstumsfinanzierungsrunde („Later Sta-
> ges") **Serie B** u. s. w. (Series C, D, etc.). Eine Serie A- oder B-Beteiligung
> bedarf umfassender Abstimmung mit dem Beteiligungsvertrag sowie der
> Gesellschaftervereinbarung der Investoren der ersten Generation (sofern,
> wie in der Praxis häufig üblich, die vorherige Beteiligungsdokumentation
> nicht vollständig aufgehoben und neu gefasst wird).

1.1   Term Sheet/Letter of Intent

War der Pitch erfolgreich und konnte der VC-Geber überzeugt werden, in das
Start-up zu investieren, wird das Ergebnis der ersten gemeinsamen Gespräche
in einem sog. **Term Sheet** („Letter of Intent", „Memorandum of Understanding"
oder „Comfort Letter") bzw. in einem Vorvertrag fixiert (Weitnauer 2022, S. 346).

Das Term Sheet ist eine „Absichtserklärung", die im Vorfeld des Abschlusses des Beteiligungsvertrages zwischen den Parteien übersandt wird und aus der sich die Bereitschaft des VC-Gebers ergibt, sich an dem Start-up zu beteiligen und dieses finanziell zu unterstützen. Ferner sind im Term Sheet die wesentlichen juristischen Eckpunkte des späteren Beteiligungsvertrages enthalten. Im Gegensatz zu einem **Vorvertrag** kann aus dem Term Sheet keine Rechtspflicht zum Abschluss des Hauptvertrages, d. h. des Beteiligungsvertrages, abgeleitet werden (Beisel und Klumpp 2016, Kap. 1, Rn. 74 f.). Gleichwohl begründet ein Term Sheet ein vorvertragliches Vertrauensverhältnis zwischen den Parteien, das bei einem Verstoß einer Partei Schadensersatzansprüche der anderen Vertragspartei auslösen kann.

Im Term Sheet klären die Parteien die wesentlichen **Bedingungen** der Risikokapitalfinanzierung, wie z. B. die Höhe des durch den VC-Geber bereitgestellten Kapitals bzw. – im Gegenzug – der Beteiligung des Kapitalgebers an dem Start-up (aus diesem Verhältnis ergibt sich die Bewertung des Start-ups in der aktuellen Finanzierungsrunde). Weitere im Term Sheet aufzunehmende Eckpunkte betreffen bspw. die Art der Liquidationspräferenz (s. hierzu Abschn. 5.5) sowie Fragen der Verhandlungsexklusivität oder Übernahme der (Berater-) Kosten.

> Obwohl das Term Sheet grundsätzlich rechtlich unverbindlich ist, hat es in der Praxis eine erhebliche, zumindest faktische Bindungswirkung für die späteren Vertragsverhandlungen. Insofern ist es für die Gründer nahezu unmöglich, in den nachfolgenden Verhandlungen über den Abschluss eines Beteiligungsvertrages von den rechtlichen und kommerziellen Grundlagen des Term Sheet zu ihren Gunsten abzuweichen.

Vom Term Sheet ist der sog. Vorvertrag zu unterscheiden. Der Vorvertrag führt nicht nur zu einer **faktischen,** sondern auch zu einer **rechtlichen** Bindung, indem sich die Parteien zum Abschluss eines späteren (Haupt-) Beteiligungsvertrages verpflichten. Ein solches Interesse der Vertragspartner wird nicht unmittelbar nach dem Pitch, wohl aber im Rahmen der Due Diligence bestehen, insbesondere, sofern dem Abschluss des eigentlichen Beteiligungsvertrages noch tatsächliche oder rechtliche Hindernisse entgegenstehen (Weitnauer 2022, S. 347).

Da sowohl das Term Sheet als auch der Vorvertrag für den juristischen Laien nur schwer zu überschauende Folgen nach sich ziehen können, sollte bereits vor Abschluss derartiger Vereinbarungen fachkundige Unterstützung durch einen auf Venture Capital spezialisierten Berater in Anspruch genommen werden.

1.2 Vertraulichkeitsvereinbarung

In einer **Vertraulichkeitsvereinbarung** („**Non Disclosure Agreement**", „**NDA**")
werden Geheimhaltungspflichten des potenziellen Investors detailliert aufgelistet.
Der Investor verpflichtet sich dabei auch zur Nichtverwendung und Nichtoffenle-
gung der gewonnenen Informationen für eigene Projekte.

Sofern die Parteien nicht bereits vor der Unterzeichnung des Term Sheets eine
Geheimhaltungsvereinbarung getroffen haben, sollte idealerweise eine Geheim-
haltungsklausel nachträglich vertraglich vereinbart werden. Das Non Disclosure
Agreement" (NDA) soll die Geschäftsidee und das damit verbundene Produkt vor
unrechtmäßiger Nachahmung und/oder Nutzung durch Dritte schützen.

Da die Gründer den Investor bereits in der Beteiligungsverhandlung von ihrem
Produkt begeistern wollen und hierfür eventuell schon die Preisgabe vertraulicher,
interner Informationen erforderlich ist, besteht die Möglichkeit, die Vertraulichkeitsvereinbarung noch vor dem Term Sheet abzuschließen. In der Praxis werden
sich Venture Capital Investoren darauf aber regelmäßig nicht einlassen, da allein
schon der damit verbundene administrative Aufwand aufgrund der Vielzahl der
zu prüfenden Pitch Decks außerhalb jeder Relation stünde.

Um die Einhaltung des NDA zu gewährleisten und sich bei Verstößen – insbesondere mangels in der Praxis nur schwer oder kaum möglichen Bezifferbarkeit
der Schadenshöhe – schadlos zu halten, sollten die Parteien im Idealfall zusätz-
liche **Vertragsstrafen** vereinbaren. Die Vereinbarung einer (pauschalierten)
Vertragsstrafe dient somit einerseits als Druckmittel, damit sich das Gegenüber
vertragstreu verhält, also die mitgeteilten Informationen geheim hält. Darüber
hinaus erspart sie den Gründern den (möglicherweise vor Gericht zu führenden)
Nachweis, dass ein Schaden als Folge des Verstoßes gegen das NDA tatsächlich
eingetreten ist.

Potenzielle VC-Geber lehnen in der Praxis die Unterzeichnung einer Vertraulichkeitsvereinbarung (bis zum Abschluss eines Term Sheets) und erst recht die
Aufnahme von Vertragsstrafen (auch über das Term Sheet hinaus) grundsätzlich)
kategorisch ab. In diesem Fall müssen die Gründer abwägen, ob die potenzielle
Beteiligung des Investors **strategisch und wirtschaftlich** so wichtig ist, dass sie
die Offenlegung von Informationen – ohne wirksamen Schutz vor Missbrauch –
rechtfertigt. Allerdings sollten bzw. müssen die Gründer hier auch pragmatisch
denken; schließlich ist es nicht nur die ggf. über ein NDA rechtlich zu schüt-
zende Idee, sondern gerade das für deren Umsetzung („Execution") vom Investor
bereitgestellte Kapital, das den Erfolg fördert.

Auch können die Gründer z. B. durch Schwärzung oder nur teilweise Offenlegung besonders vertraulicher Informationen gerade in der ersten Pitch-Phase

deren Schutz sicherstellen. Der beste Schutz vertraulicher Informationen besteht demnach darin, diese im Rahmen der ersten Kontaktaufnahme nicht zu offenbaren oder nur anzudeuten.

In diesem Zusammenhang ist auch das **Gesetz zum Schutz von Geschäftsgeheimnissen (GeschGehG)** besonders zu erwähnen. Der rechtliche Schutz des Know-hows eines Unternehmens ist seit dem Inkrafttreten des GeschGehG davon abhängig, dass „angemessene **Geheimhaltungsmaßnahmen**" getroffen worden sind. Ist dies nicht der Fall, läuft man Gefahr, seine Geschäftsgeheimnisse zu verlieren.

Nicht jede beliebige Information eines Unternehmens ist dabei ein Geschäftsgeheimnis. Nach § 2 GeschGehG ist eine Information (nur dann) ein Geschäftsgeheimnis, wenn sie

1 geheim ist (also nicht allgemein bekannt oder öffentlich zugänglich ist, auch „belanglose" Informationen sind nicht geheim) und daher einen wirtschaftlichen Wert hat. (bspw. Kunden- und Lieferantenlisten, Kosteninformationen, Geschäftsstrategien, Unternehmensdaten, Marktanalysen oder Prototypen),
2. Gegenstand „angemessener Geheimhaltungsmaßnahmen" ist und
3. ein berechtigtes Interesse an ihrer Geheimhaltung besteht.

Die mit der Definition des Geschäftsgeheimnisses neu eingeführte Schutzvoraussetzung der „angemessenen Geheimhaltungsmaßnahmen" führt dazu, dass als vertraulich eingestufte Informationen des Unternehmens ohne angemessene Geheimhaltungsmaßnahmen (konkret durch Unterzeichnung eines NDA) nicht mehr als Geschäftsgeheimnis und damit als geheimhaltungsbedürftig gelten.

Im Falle einer vermeintlichen Verletzung durch einen Investor oder Geschäftspartner des Start-ups wird ein solcher Nachweis vor Gericht daher nur dann gelingen, wenn nicht nur – was bisher ausreichte – die betreffende Information subjektiv als vertraulich angesehen wird, sondern darüber hinaus der Nachweis angemessener Geheimhaltungsmaßnahmen erbracht werden kann.

Die Beweislast dafür, dass angemessene Geheimhaltungsmaßnahmen getroffen wurden und damit ein Geschäftsgeheimnis vorliegt, liegt beim Unternehmen.

> **Wichtig**
> Start-ups müssen nun prüfen, ob die Informationen, an denen ein Geheimhaltungsinteresse besteht, durch vertragliche Regelungen mit (potenziellen) Investoren (aber auch mit Geschäftspartnern und Mitarbeitern) sowie durch technische und organisatorische Maßnahmen angemessen geschützt sind.

Dazu sollte strukturiert zusammengestellt werden, welche Informationen und welches Know-how im Unternehmen vorhanden sind und welche konkreten Schutzmaßnahmen (NDA, Verschlüsselung, besondere Kennzeichnung) die jeweiligen Informationen erfordern. Darüber hinaus sollten abgeschlossene Geheimhaltungsvereinbarungen im Idealfall einen Katalog der wesentlichen geheimen Informationen des jeweiligen Unternehmens enthalten. Auch wenn die konkrete Benennung der jeweiligen vertraulichen Informationen gesetzlich nicht erforderlich ist, kann in der Praxis so ein ausreichender Schutz der Geschäftsgeheimnisse im Streitfall gewährleistet werden.

1.3   Due Diligence

Eine **Due Diligence** ist eine detaillierte Analyse, Prüfung und Bewertung der rechtlichen, wirtschaftlichen und technischen Verhältnisse eines Unternehmens.

Im Rahmen der Due Diligence überprüft der Investor sowohl die im Business Plan/Pitch Deck wie auch im Pitch gemachten Angaben zu den ökonomischen und juristischen Verhältnissen des Unternehmens. Dazu wird der Investor den Gründern eine Due Diligence-Anforderungsliste (s. Abb. 1.2) übersenden, in der die verschiedenen Unternehmensbereiche samt den jeweils geforderten Unterlagen aufgeführt sind. Die Durchführung einer Due Diligence gehört ab einem bestimmten Investitionsvolumen insoweit zu den internen Sorgfaltspflichten des Managements des Investors, §§ 93 AktG, 43 GmbHG.

▷ **Wichtig**
   Um davon in der arbeitsintensiven Phase der laufenden Finanzierungsrunde nicht überrascht zu werden, sollten die Gründer bereits frühzeitig die Grundlage für eine Due Diligence schaffen, indem sie bereits vom ersten Tag der Gründung an die entsprechenden Dokumente und Unterlagen (bspw. nach Maßgabe von Abb. 1.2) sorgfältig zusammenstellen und (digital) ablegen und so bereits einen „antizipierten Datenraum" für die eines Tages stattfindende Due Diligence schaffen.

   Dies hat nicht nur den Vorteil, dass die Beteiligungsverhandlungen signifikant verkürzt werden, weil die Dokumente auf Abruf dem Investor übermittelt werden können, sondern ermöglicht den Gründern darüber hinaus selbst einen strukturierten Einblick in die

Stärken und **Schwächen** des Start-ups. Damit besteht die Möglichkeit, auf rechtliche Defizite zu reagieren und Verbesserungen herbeizuführen, bevor die Kapitalgeber im Rahmen ihrer Due Diligence selbst auf Schwachstellen stoßen, wie in der Praxis dies meist im Bereich der IP-Rechte oder des Datenschutzes zu sehen ist.

Die Resultate der Due Diligence beeinflussen die Gestaltung des nachfolgenden Beteiligungsvertrages erheblich. Für aufgedeckte Risiken werden in der Regel entsprechende **Garantien** der Gründer verlangt. Weichen die Ergebnisse zu stark von den Vorstellungen des Investors ab, besteht sogar die Gefahr, dass die Finanzierung insgesamt scheitert. Dennoch müssen die Gründer alle – positiven wie auch negativen – Informationen offenlegen, da Falschangaben sowohl zivil- als auch sogar strafrechtliche Konsequenzen haben können.

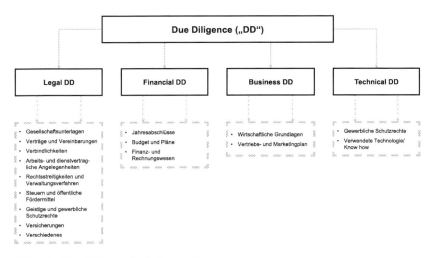

Abb. 1.2 Due Diligence Anforderungsliste

Beteiligungsvertrag

2

Hat sich der Investor entschieden, in das Start-up zu investieren und sind die Gründer mit den in den Beteiligungsverhandlungen ausgehandelten Konditionen (v. a. die Unternehmensbewertung und die daraus folgende Beteiligungsquote des Investors) einverstanden, folgt eine verbindliche Beteiligungsdokumentation. Diese beinhaltet den **Beteiligungsvertrag,** den ggf. angepassten **Gesellschaftsvertrag** sowie regelmäßig eine **Gesellschaftervereinbarung** der zukünftigen Gesellschafter. Im Fall der Beteiligung des Investors über eine Kapitalerhöhung (vgl. dazu unten Kap. 3) sollten die Gründer darauf achten, dass ihre Vergütung in separaten **Anstellungsverträgen** sichergestellt ist, da das Investment in diesem Fall lediglich dem Unternehmen als juristische Person zur Verfügung gestellt wird und die Gründer ihren Lebensunterhalt hiervon nicht bestreiten können. Die entsprechenden Anstellungsverträge sind in der Praxis häufig selbst Bestandteil der Beteiligungsdokumentation.

Im **Beteiligungsvertrag** („**Investment Agreement**" – „IA") sowie einer parallel dazu bzw. in einer einheitlichen Urkunde abgeschlossenen Gesellschaftervereinbarung („**Shareholder's Agreement**" – „SHA") legen die Gründer und der Investor fest, wie die Struktur der Beteiligung sowie zu welchen Konditionen die Finanzierung des Start-ups erfolgen sollen und welche darüber hinausgehenden Rechte und Pflichten die Parteien treffen. Da die Ansprüche und Vorstellungen der Investoren – ebenso wie diejenigen der Gründer – oftmals stark divergieren, gibt es keinen „Allzweck"-Beteiligungsvertrag, der für jedes Investment uneingeschränkt geeignet ist. In der Praxis müssen die Beteiligten daher den Spagat zwischen ihren eigenen und den Interessen des Vertragspartners bewerkstelligen, um einen für alle Seiten akzeptablen Ausgleich zu finden. Gelingt dies, kann

© Springer Fachmedien Wiesbaden GmbH, ein Teil von Springer Nature 2024
C. Hahn, *Der Beteiligungsvertrag*, essentials,
https://doi.org/10.1007/978-3-658-44428-0_2

der Beteiligungsvertrag und insbesondere die Gesellschaftervereinbarung als auch „Fahrplan" der weiteren Kooperation zwischen Gründern und Investor dienen. Der Beteiligungsvertrag dient als Oberbegriff für sämtliche schuldrechtlichen **Vereinbarungen** zwischen den **Altgesellschaftern** (Gründern) und dem **Investor** als VC-Geber. Hierbei handelt es sich um ein – meist umfangreiches – Vertragswerk, in dem sowohl der Investor als auch die Unternehmensgründer versuchen, ihre Interessen gegenüber der anderen Vertragspartei durchzusetzen. Um sich (rechtlich) gegen – in den Beteiligungsverhandlungen bzw. in der ersten Finanzierungsrunde – objektiv nicht erkennbare Risiken sowie die in den Bewertungsverhandlungen vereinbarten Investitionskriterien **abzusichern,** ist der Abschluss eines Beteiligungsvertrages unerlässlich.

Der Beteiligungsvertrag (im weiteren Sinne) kann in den Beteiligungsvertrag im engeren Sinne, die Gesellschaftervereinbarung (evtl. nebst Satzungsänderung) sowie die Anstellungsverträge der Gründer und ggf. eine Geschäftsordnung für die Geschäftsführung untergliedert werden (s. Abb. 2.1). Der Beteiligungsvertrag (im engeren Sinne) enthält vertragliche **Regelungen** über die **Konditionen** des Einstiegs des Investors, wie bspw. die Höhe der **Investitionssumme,** die Beteiligungsquote, die **rechtliche Struktur** der Beteiligung (z. B. die Verpflichtung der Altgesellschafter, den Beschluss zur Kapitalerhöhung zu fassen), Regeln für künftige Verschiebungen der **Beteiligungsverhältnisse** infolge einer sinkenden Unternehmensbewertung in Folgerunden („Verwässerungsschutz") sowie **Garantien** und/oder **Gewährleistungsverpflichtungen** der Gründungsgesellschafter. Daneben wird das zukünftige **Miteinander** der Gründer (Altgesellschafter) und der VC-Geber (Neugesellschafter) in einer separaten Gesellschaftervereinbarung und somit außerhalb der Satzung geregelt, wobei VC-Geber oftmals auf über den gesetzlichen Standard hinausgehende **Informations-** und **Zustimmungsrechte** bestehen (Weitnauer 2022, S. 392 f.). Im Übrigen werden die Gründer in der Regel mit **Geschäftsführeranstellungsverträgen** an das Start-up gebunden, während eine **Geschäftsordnung** das Verhältnis der Gründer in ihrer Rolle als Geschäftsführer untereinander und zur Gesellschaft regelt.

2.1 Vertragsschluss/Vertragsänderung/Vertragsdauer

Der (schuldrechtliche) Beteiligungsvertrag beurteilt sich grundsätzlich nach den zivilrechtlichen Vorschriften des BGB, allerdings sind bei der Ausgestaltung auch die Vorgaben des Gesellschaftsrechts zu beachten (Maidl und Kreifels 2003, S. 1091 f.). Es ist dabei meist zweckmäßig, die Beteiligungsregelungen außerhalb der Satzung zu treffen, da in diesem Fall Vertragsänderungen weder eine

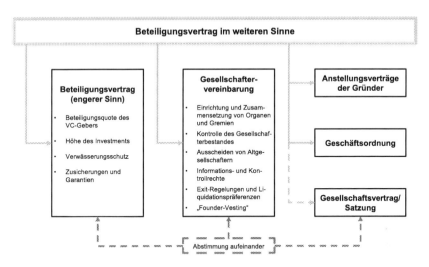

Abb. 2.1 Wesentliche Bestandteile des Beteiligungsvertrages

notarielle Beurkundung erfordern (für die GmbH: §§ 2 Abs. 1, 53 GmbHG; für die AG: §§ 23 Abs. 1, 179 ff. AktG), noch die Publizität des Handelsregisters (alle Informationen sind öffentlich für jedermann einsehbar) berücksichtigt werden muss. Der Nachteil einer solchen Vertragsgestaltung ist allerdings, dass eine Änderung des schuldrechtlichen Beteiligungsvertrages grundsätzlich der Zustimmung aller Vertragsparteien bedarf, während eine Satzungsänderung bereits mit einer 3/4-Mehrheit der stimmberechtigten Gesellschafter möglich ist (§ 53 Abs. 2 GmbHG; § 179 Abs. 2 S. 1 AktG). Im Ergebnis sind hier also das Interesse des Start-ups und der Investoren an der Geheimhaltung der Beteiligungskonditionen (mangels aufzunehmender Satzungsbestimmung keine Publizität des Handelsregisters) und der Wunsch nach Flexibilität in Bezug auf künftige Änderungen der Beteiligung (Zustimmungserfordernis aller Parteien der schuldrechtlichen Beteiligungsvereinbarung) gegeneinander abzuwägen. Gleichwohl können in der Gesellschaftervereinbarung auch geringere Mehrheitserfordernisse vereinbart werden, z. B. dass eine Änderung bereits mit einer bestimmten Mehrheit zulässig sein soll.

2.2   Form

Im Fall der Kapitalerhöhung verpflichten sich die Altgesellschafter im Beteiligungsvertrag, darüber Beschluss zu fassen, das Stammkapital des Start-ups
(nominal) zu erhöhen. Diese sog. **Stimmbindungsvereinbarung,** die auch gegenüber zukünftigen Gesellschaftern, d. h. den Investoren, zulässig ist, bedarf nach
überwiegender Ansicht keiner Form. Spätestens bei der Durchführung der Kapitalerhöhung liegt nämlich eine entsprechende Dokumentation der diesbezüglichen
Verpflichtung vor (OLG Köln, Urteil vom 25.07.2002 – 18 U 60/02).

Da für die anlässlich der Kapitalerhöhung erforderliche Satzungsänderung (die
vom Beteiligungsvertrag zu unterscheiden ist) allerdings die notarielle Beurkundung vorgeschrieben ist (§ 53 Abs. 2 S. 1 GmbHG), wird der Beteiligungsvertrag
meist schon aus Nachweiszwecken als Ganzes notariell beurkundet, insbesondere
deshalb, weil er bzw. die Gesellschaftervereinbarung in der Regel die übliche Verpflichtung zur künftigen (Rück-) Übertragung von Geschäftsanteilen (§ 15 Abs. 4
GmbHG) in Form von Drag Alog oder Tag Along-Regelungen, Optionsrechten
oder Vesting-Bestimmungen enthält (siehe unten Abschn. 5.6).

> **Wichtig**
> Der Beteiligungsvertrag bedarf bei entsprechender vertraglicher
> Gestaltung auch in den vorgenannten Fällen üblicher Drag Alog,
> Tag Along oder Vesting-Regelungen, keiner notariellen Beurkundung
> (dazu Weitnauer 2018, S. 245 ff.). Beurkundungsbedürftige Exit-
> Regelungen, insbesondere die Mitverkaufspflicht oder auch Vesting-
> Regelungen, **müssen** dann allerdings in die **(öffentliche) Satzung**
> aufgenommen werden, was von vielen Beteiligten nicht gewollt ist,
> da diese internen Regelungen dann für jedermann einsehbar sind.
>   Seit einem Urteil des OLG Zweibrücken v. 17.05.2022 – 8 U
> 30/19 (nicht rechtskräftig), besteht für ein solches Vorgehen zumin-
> dest dann eine Rechtsunsicherheit, wenn hierfür nicht bereits zuvor
> ein sog. genehmigtes Kapital gem. § 55a GmbHG, welches die
> Geschäftsführung selbst ermächtigt, das Stammkapital der Gesell-
> schaft zu erhöhen, geschaffen wurde (siehe dazu unten Abschn. 2.3).

2.3 Kosten der notariellen Beurkundung

Die Kosten der Beurkundung des Beteiligungsvertrages werden meist von der Gesellschaft getragen (unter bestimmten Voraussetzungen kann es sich hierbei aus Sicht des Investors allerdings um eine verdeckte Gewinnausschüttung handeln, vgl. Weitnauer 2022, S. 391 f.).

Die hohen Notarkosten für die Beurkundung des Beteiligungsvertrages stoßen bei vielen Gründern (und Investoren) auf Widerstand. Der für die Kostenberechnung maßgebliche Gegenstandswert bestimmt sich nämlich nicht nur nach eigentlichen Nominalbetrag der Kapitalerhöhung, sondern nach dem gesamten Investmentbetrag (der BGH hat dies erst vor kurzem bestätigt; Beschluss vom 12.09.2023 – II ZB 6/23). Auch alle sonstigen Verpflichtungen (Vorerwerbsrechte, Tag along, Drag along, etc., siehe dazu unten) werden eigenständig bewertet und zum Gesamtgegenstandswert, der für die Berechnung der Notarkosten entscheidend ist, hinzugerechnet.

Bei diesen Venture Capital-typischen Vertragsklauseln handelt es sich nach der Rechtsprechung nämlich nicht um Nebengegenstände, sondern „vielmehr um die Begründung eigenständiger Rechten und Pflichten, die unter besonderen Voraussetzungen bestehen" (OLG Köln, Beschluss vom 04.07.2018 – 2 Wx 242/18). Sofern die Nebenvereinbarungen (wie in aller Regel) zukunftsbezogen sind, ist es nach Ansicht des OLG Köln ferner sachgerecht, auf die Post-Money-Bewertung (s. dazu unten Abschn. 3.2), also den Wert des Unternehmens nach Durchführung der Beteiligung abzustellen.

> ▶ Dies alles kann zu hohen Kosten führen, die allerdings über eine entsprechende vertragliche Gestaltung unter Ausnutzung eines bei der Gesellschaft zu schaffenden, sog. genehmigten Kapitals (§ 55a GmbHG) erheblich reduziert werden können. Die Kapitalerhöhung erfolgt hier nicht durch Gesellschafterbeschluss, sondern durch Beschluss der Geschäftsführung, der nicht der notariellen Form des § 53 GmbHG unterliegt, sondern privatschriftlich gefasst werden kann.

Durch das genehmigte Kapital wird die Geschäftsführung ermächtigt, das Stammkapital der GmbH in der Zukunft um bis zu für die Dauer von höchstens 5 Jahren bis zur Hälfte des zum Zeitpunkt der Ermächtigung bestehenden Stammkapitals zu erhöhen. Dies kann und sollte bereits in der in der Gründungssatzung geschehen, um von Anfang an ausreichend „Manövriermasse" zu schaffen (Weitnauer 2024, S. 3). Die Ausgabe des genehmigten Kapitals kann durch einen

Zustimmungsvorbehalt, z. B. zugunsten eines Beirats oder auch einer bestimmten Investorenmehrheit beschränkt werden.

▶ Das genehmigte Kapital kann auch erst später durch Beschluss der Gesellschafterversammlung eingeführt werden, § 55a Abs. 2 GmbHG. Der Wert dieses Beschlusses ist gemäß § 108 Abs. 1 Satz 2 GNotKG auf den Nennbetrag des genehmigten Kapitals beschränkt. Bei der Kostenberechnung wird daher nicht der Betrag des Investments, sondern nur der **wesentlich geringere Betrag,** um den das Stammkapital erhöht wird, berücksichtigt.

Wählt man den oben beschriebenen Weg und akzeptiert, dass die typischen Sonderrechte und Bestimmungen wie Tag Along, Drag Along oder Vesting-Bestimmungen in die öffentliche Satzung aufgenommen werden (siehe bereits oben Abschn. 2.2), ergibt sich folgende Struktur einer Finanzierungsrunde (vgl. Weitnauer 2024, S. 5):

1. Bereits in der Gründungssatzung sollte ein genehmigtes Kapital (bis zu 50 % des Stammkapitals) geschaffen werden
2. Abschluss des Beteiligungsvertrages in Schriftform oder z. B. über DocuSign, Adobe Acrobat Sign
3. Beschluss der Geschäftsführung über die Ausgabe des genehmigten Kapitals (nur Schriftform erforderlich)
4. Separate Übernahmeerklärungen der Investoren, die nur der notariellen Beglaubigung bedürfen
5. Neufassung der Satzung mit Schaffung eines weiteren genehmigten Kapitals in notarieller Beschlussniederschrift
6. Privatschriftliche Beschlussfassung über die Neufassung/Änderung von Geschäftsordnungen und/oder Geschäftsführerverträge.

2.4　Verhältnis zum Gesellschaftsvertrag und sonstigem Recht

Der Abschluss des Beteiligungsvertrages unterfällt der **Vertragsfreiheit** (Art. 2 Abs. 1 GG; § 311 Abs. 1 BGB). Dieser im Zivilrecht geltende Grundsatz ermöglicht es jedermann, Verträge abzuschließen, deren Vertragsgegenstand und Inhalt wie auch Vertragspartner frei bestimmt werden können, solange sie nicht gegen zwingendes Recht – wie bspw. gesetzliche Verbote (§ 134 BGB) – oder die guten

Sitten (§ 138 Abs. 1 BGB) verstoßen (Säcker und Rixecker 2021, Vorbemerkung, Rn. 11).

Abweichend hiervon muss die Satzung (Gesellschaftsvertrag) bestimmte **Mindestregelungen** beinhalten, von denen der Beteiligungsvertrag nicht abweichen bzw. diese auch nicht modifizieren kann.

Bei einer GmbH sind dies etwa die „Firma", also der Name des Unternehmens (§ 17 Abs. 1 HGB), sowie die Bezeichnung als „Gesellschaft mit beschränkter Haftung" (§ 4 GmbHG), der Sitz der Gesellschaft, der Gegenstand des Unternehmens, die Höhe des Stammkapitals sowie die Zahl und die Nennbeträge der Geschäftsanteile, die jeder Gesellschafter gegen Einlage auf das Stammkapital übernimmt (§ 3 Abs. 1 GmbHG).

Soll das Unternehmen nur auf eine bestimmte Zeit beschränkt sein und/oder sollen die Gesellschafter über die Leistung der Stammeinlage hinausgehende Pflichten treffen, bedürfen auch diese der Niederschrift in der Satzung (§ 3 Abs. 2 GmbHG).

Ist das Unternehmen eine AG, gehen die Einschränkungen der Privatautonomie und dementsprechend die Vorgaben über den gesetzlichen Mindestinhalt des Gesellschaftsvertrages, von denen der Beteiligungsvertrag nicht abweichen darf („Prinzip der Satzungsstrenge"), noch weiter. Zwingende Regelungen (vgl. § 23 Abs. 2–4 AktG) betreffen dabei

- die Gründer;
- bei Nennbetragsaktien den Nennbetrag; bei Stückaktien die Zahl, den Ausgabebetrag und (bei verschiedenen Gattungen) die Gattungen der Aktien (z. B. Stammaktien oder stimmrechtslose Vorzugsaktien), welche die Gründer übernehmen;
- den eingezahlten Betrag des Grundkapitals;
- die Firma (Name) und den Sitz der Gesellschaft;
- den Gegenstand des Unternehmens;
- die Höhe des Grundkapitals;
- die Zerlegung des Grundkapitals in Nennbetrags- oder Stückaktien;
- ob die Aktien auf den Inhaber oder den Namen ausgestellt werden;
- die Zahl der Mitglieder des Vorstands sowie
- die Form der Bekanntmachungen der Gesellschaft.

Da der Beteiligungsvertrag (schuldrechtlich) nur zwischen den Vertragsparteien wirkt, können die Gründer und der Investor im Übrigen vereinbaren, dass bei abweichenden Regelungen des Beteiligungsvertrages und der Satzung gleichwohl

die entsprechende Vereinbarung des Beteiligungsvertrages im Verhältnis Investor/
Gründer **vorrangig** gelten soll.

2.5   AGB-Inhaltskontrolle?

In der Praxis verwenden professionelle Investoren, also insbesondere VC-
Gesellschaften, bei Abschlüssen von Beteiligungsverträgen häufig für eine Vielzahl von Beteiligungen vorgesehene, standardisierte **Vertragsformulare** (Zetzsche 2002, S. 942). In solchen Vertragsmustern verwendete **Klauseln** werden in
der Regel nur die Interessen des VC-Gebers berücksichtigen. Soweit derartige
Bestimmungen zum Nachteil des Vertragspartners von gesetzlichen Regelungen
abweichen und/oder den Vertragspartner unbillig benachteiligen, können sie einer
sog. **Inhaltskontrolle** (§§ 307 ff. BGB) unterliegen, die dazu führen kann, dass
die entsprechende(n) Klausel(n) als solche **unwirksam** ist/sind.

Eine Inhaltskontrolle einseitig gestellter Regelungen kommt allerdings nur
dann zur Anwendung, soweit es sich bei diesen um **Allgemeine Geschäftsbedingungen** im Sinne des BGB handelt. Das ist der Fall, wenn die Bestimmung
für eine Vielzahl von Verträgen vorformuliert wurde und der Verwender diese
der anderen Vertragspartei im Zeitpunkt des Vertragsschlusses stellt (§ 305
Abs. 1 S. 1 BGB). Werden die Regelungen des Beteiligungsvertrages dagegen
von den Parteien ausgehandelt, liegen Allgemeine Geschäftsbedingungen nicht
vor (§ 305 Abs. 1 S. 3 BGB). Für ein solches „Aushandeln" ist allerdings erforderlich, dass der Investor eine Klausel inhaltlich ernsthaft zur Disposition stellt
und dem Verhandlungspartner Gestaltungsfreiheit zur Wahrung eigener Interessen einräumt Es ist hingegen nicht erforderlich, dass dies zu einer Änderung
der Klausel geführt hat; sie muss lediglich auf den Verhandlungstisch gelegt und
kann durchaus im Rahmen eines „Verhandlungspakets" aufrechterhalten worden
sein (Weitnauer 2022, S. 374 f.). Darüber hinaus wird bei sog. syndizierten,
d. h. gebündelten VC-Finanzierungen, bei denen mehrere VC-Geber das Start-
up finanzieren, bereits kein für eine Vielzahl von Fällen vorformulierter Vertrag
vorliegen, da die Kapitalgeber die Bedingungen des Beteiligungsvertrages für das
Start-up in der Regel im Einzelfall aushandeln werden (Weitnauer 2022, a. a. O.).

Kapitalerhöhung 3

Die Altgesellschafter verpflichten sich im Beteiligungsvertrag, einen Beschluss über die Erhöhung des Stammkapitals der Gesellschaft zu fassen und dem Investor die Übernahme der neu geschaffenen Geschäftsanteile zu gestatten. Die neuen Geschäftsanteile, die der Investor für seine Beteiligung an der Gesellschaft erhält, werden also durch eine (steuerneutrale) Kapitalerhöhung geschaffen. Für die Beteiligung des Investors sind zwar grundsätzlich auch andere Varianten denkbar (s. Abb. 3.1). Dabei ist zu berücksichtigen, dass der Investor das zu investierende Kapital in der Regel als Gegenleistung für Geschäftsanteile des Start-ups („**Equity**") einbringen wird. Ohne eine Kapitalerhöhung (und damit die Ausgabe neuer Geschäftsanteile) müsste der Kapitalgeber den Mittelzufluss direkt an die bestehenden Gesellschafter des Start-ups gegen Abtretung ihrer jeweiligen Geschäftsanteile auszahlen. In der Regel möchte der Kapitalgeber das Kapital aber gerade nicht an die Gesellschafter selbst auszahlen, sondern durch seine Investition das Wachstum und den Geschäftsbetrieb des Unternehmens selbst sicherstellen. Darüber hinaus hat die vorgenannte Veräußerung von Geschäftsanteilen (über einen sog. Geschäftsanteilskauf- und Abtretungsvertrag) gegen Zuzahlung in die Kapitalrücklage der Gesellschaft den Nachteil, dass diese Form der Beteiligung – als Veräußerung von Geschäftsanteilen – zu einer Besteuerung des Veräußerungsgewinns nach § 17 EStG führen kann.

▶ Diese Variante der Beteiligung des Investors (Übertragung von Geschäftsanteilen gegen Zahlung eines Kaufpreises direkt an den verkaufenden Gesellschafter und ggf. Leistung einer Zuzahlung in die Kapitalrücklage der Gesellschaft) wird auch **Secondary** (Investment) genannt, während die übliche Beteiligung durch Übernahme

© Springer Fachmedien Wiesbaden GmbH, ein Teil von Springer Nature 2024
C. Hahn, *Der Beteiligungsvertrag*, essentials,
https://doi.org/10.1007/978-3-658-44428-0_3

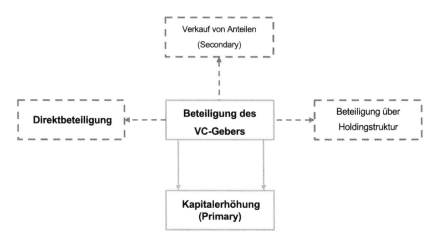

Abb. 3.1 Denkbare Strukturen der Beteiligung

neuer Geschäftsanteile als **Primary** (Investment) bezeichnet wird
(Thelen 2020, S. 127).

Die Beteiligung des Investors erfolgt daher in aller Regel über eine **Kapitalerhöhung,** bei der neue Geschäftsanteile des Unternehmens geschaffen werden. Sind
Gründer mit zwei oder mehreren Start-ups tätig, besteht zudem die Möglichkeit, die einzelnen Unternehmen in einer Holding zusammenzufassen, um eine
einheitliche Finanzierung zu ermöglichen.

Der Ablauf einer Kapitalerhöhung bestimmt sich nach der jeweiligen Rechtsform des Unternehmens. Nachfolgend soll am Beispiel der **GmbH** (die Ausfüh-
rungen gelten entsprechend für die UG (haftungsbeschränkt), vgl. § 5a Abs. 1,
5 GmbHG) aufgezeigt werden, was bei einer Kapitalerhöhung zu beachten
ist und der Vorgang der Kapitalerhöhung anhand eines praktischen Beispiels
veranschaulicht werden.

3.1   Vollzug der Kapitalerhöhung

Bei Kapitalgesellschaften – also insbesondere UG, GmbH, AG oder KGaA – wird
die Kapitalerhöhung grundsätzlich in drei Schritten vollzogen:

- Kapitalerhöhungsbeschluss
- Übernahme/Zeichnung der neu ausgegebenen Geschäftsanteile und Leistung der Einlage von EUR 1,00 je neuem Geschäftsanteil (plus Zahlung des „eigentlichen" Investments in die Kapitalrücklage der Gesellschaft)
- Anmeldung zum Handelsregister

In einem ersten Schritt wird das **Stammkapital** des Start-ups durch einen Gesellschafterbeschluss der Alt- bzw. Gründungsgesellschafter **erhöht.** In diesem Beschluss müssen sowohl der **Erhöhungsbetrag** sowie die **Anzahl** der Stammeinlagen, die nach der Kapitalerhöhung ausgegeben werden dürfen, und auch der **Nennbetrag,** der auf die einzelne Stammeinlage entfällt, bestimmt werden. Der Kapitalerhöhungsbeschluss bedarf dabei der Mehrheit von mindestens **drei Vierteln** der abgegebenen Stimmen der Bestandsgesellschafter und – als ein Fall der Satzungsänderung – der **notariellen Beurkundung** (§ 53 Abs. 2 S. 1 GmbHG). Der Betrag der Stammkapitalerhöhung und der zu übernehmenden neuen Geschäftsanteile des Investors ist dabei so zu bemessen, dass die vom Investor zu übernehmende Beteiligung die jeweils gewünschte prozentuale **Beteiligungsquote** erreicht.

Der **Nennbetrag (Nenn-, Nominalwert)** eines GmbH-Geschäftsanteils (oder auch einer Aktie) entspricht dem zur Erlangung des Anteils tatsächlich aufgewendeten bzw. notwendigen Geldbetrag. Die Summe der Nennbeträge aller Geschäftsanteile entspricht dem von allen Gesellschaftern insgesamt aufzubringenden Stammkapital, § 5 Abs. 3 Satz 2 GmbHG (Konvergenzgebot). Der Nennbetrag eines Geschäftsanteils ist von dessen wirtschaftlichem Wert, dem „wahren Wert eines Geschäftsanteils", zu unterscheiden: Der Nominalwert eines Geschäftsanteils ist ein statischer Betrag, wohingegen der Wert eines Geschäftsanteils im Rahmen einer VC-Finanzierung den geschätzten Marktwert des Unternehmens widerspiegelt und damit den Wert, den ein Investor bereit ist, für einen Anteil am Unternehmen zu zahlen. Dieser Wert liegt somit deutlich über dem Nominalwert.

Hiernach erfolgt die Übernahme der durch Kapitalerhöhung geschaffenen neuen Geschäftsanteile. Die **Übernahmeerklärung („Zeichnung der Geschäftsanteile")** hat dabei den erstmaligen Erwerb oder die Aufstockung der Mitgliedschaft in der GmbH zum Gegenstand. Notwendiger Erklärungsinhalt ist neben der Person des Übernehmers (also dem Investor) der Betrag der neu übernommenen Geschäftsanteile und die Art der zu erbringenden Einlage einschließlich Nebenleistungen (Zahlungen in die Kapitalrücklage, Agio, Nachschüsse etc.), die der Investor an das Unternehmen als eigentliches Investment erbringt (vgl. Müller

und Winkeljohann 2021, § 7, Rn. 32). Hierzu sind sowohl die Übernahmeerklärung (§ 55 Abs. 1 GmbHG) als auch die Vollmacht (§ 2 Abs. 2 GmbHG) notariell
zu beglaubigen.

Als Agio wird das Aufgeld bzw. der Aufschlag des Investors bezeichnet, den
dieser – neben der auf die neuen Geschäftsanteile zu leistenden Bareinlage in
Höhe des jeweiligen Nennbetrags – leisten muss (vgl. Saenger und Inhester 2020,
§ 5, Rn. 14). In der Praxis erfolgt dieser Aufschlag rechtstechnisch meist nicht als
gesellschaftsrechtliches Agio, sondern schuldrechtlich als „sonstige Zuzahlung"
in die Kapitalrücklage der Gesellschaft nach § 272 Abs. 2 Nr. 4 HGB („Betrag von anderen Zuzahlungen, die Gesellschafter in das Eigenkapital leisten").
Addiert man die „**Sonstige Zuzahlung**" mit dem Nennbetrag der neu geschaffenen Anteile, entspricht die sich hieraus ergebende Summe der Gesamthöhe des
vom VC-Geber zu leistenden Investments.

Nachdem die Kapitalerhöhung durch die Übernahme der neuen Geschäftsanteile durch den VC-Geber gedeckt ist, ist die Erhöhung des Stammkapitals
schließlich zur Eintragung in das Handelsregister anzumelden (§ 57 Abs. 1
GmbHG). Darüber hinaus müssen die im Rahmen der Kapitalerhöhung auf
die neuen Geschäftsanteile vom Investor übernommenen Mindesteinlagen (=
EUR 1,00 pro neuem Geschäftsanteil) (§ 7 Abs. 2 S. 1 und Abs. 3 GmbHG)
der Geschäftsleitung endgültig zur freien Verfügung stehen (§ 57 Abs. 2 S. 1
GmbHG).

3.2   Beispiel: Investment in Höhe von EUR 2 Mio

In der Praxis streben Investoren eine Minderheitsbeteiligung am Stammkapital des Start-ups **bis maximal 25 %** an (vgl. Weitnauer 2022, S. 378); meist
sind kleinere Beteiligungen und Kleinstbeteiligungen der Standard. Darüber hinausgehende Beteiligungen können den Konzernabschluss der VC-Gesellschaft –
aufgrund auftretender Anfangsverluste von jungen Unternehmen – negativ
beeinträchtigen und wirken somit abschreckend auf potenzielle Kapitalgeber
(Weitnauer 2001, S. 1065 f.). Im Übrigen liegt bei einer Beteiligung von bis
zu 25 % kein kartellrechtlicher Zusammenschlusstatbestand (§ 37 Abs. 1 Nr. 3b
GWB) vor.

Außerdem führt eine zu hohe Beteiligungsquote (>25 %) eines operativ
nicht tätigen Investors dazu, dass ein Investment für Folgeinvestoren schnell
uninteressant wird. Das operativ tätige Gründerteam sollte daher in den ersten Finanzierungsrunden unbedingt die überwiegende Mehrheit am Unternehmen

halten, damit der **Cap Table** (engl. *capitalization table;* Gesamtheit der Beteiligungsquoten) „VC-freundlich" bleibt und nicht zum Deal Breaker bei folgenden Finanzierungsrunden wird.

Im Folgenden soll der Ablauf einer Kapitalerhöhung bei einer Start-up-GmbH wie folgt verdeutlicht werden.

Ein als GmbH gegründetes Start-up verfügt über das gesetzlich vorgeschriebene Mindeststammkapital von **EUR 25.000**. Der Investor möchte **EUR 2 Mio.** in das Unternehmen investieren und als Gegenleistung hierfür eine Beteiligungsquote von **20 %** erhalten (die Pre-Money-Bewertung (Unternehmenswert **vor** der Beteiligung eines Investors) berträgt also EUR 8 Mio.)

> ▶ **Wichtig**
> Die Bewertung der Geschäftsanteile entspricht dem Verhältnis des investierten Betrags zu der Zahl der erhaltenen (neuen) Geschäftsanteile. Auf dessen Basis kann der Wert des Unternehmens und damit der Wert des Anteils selbst ermittelt werden. Hierbei ist zwischen der Pre-Money- und der Post-Money-Bewertung zu differenzieren:
> Unter **Pre-Money-Bewertung** ist die Bewertung des Start-ups zu verstehen, bevor der Investor sein Kapital einbringt, wohingegen die **Post-Money-Bewertung** nach Abschluss der Finanzierungsrunde zusätzlich zum Pre-Money-Unternehmenswert auch das Investment des Kapitalgebers berücksichtigt. Der Pre-Money-Unternehmenswert ist somit entscheidend für die Beteiligungsquote des Investors. Die Post-Money-Bewertung beläuft sich im vorliegenden Beispiel somit auf auf EUR 10 Mio.

In diesem Fall ist das Stammkapital des Start-ups um EUR 6250 auf **EUR 31.250** (25.000/80 × 100 = 31.250) zu erhöhen, wobei der Investor die 6250 neu geschaffenen Geschäftsanteile in Höhe von insgesamt EUR 6250 (EUR 1 je Geschäftsanteil) übernimmt (s. hierzu Abb. 3.2). Der Nennbetrag der von den Gründern gehaltenen (ursprünglichen) 25.000 Geschäftsanteile hat sich dabei zwar **nominal** nicht verändert, wurde jedoch **prozentual** verkleinert. Hat ein Gründer ursprünglich eine Beteiligungsquote von 40 % gehalten, indem er 10.000 Geschäftsanteile hat, beträgt dessen Beteiligungsquote nach der Kapitalerhöhung nunmehr am neuen, erhöhten Stammkapital nur noch 32 % (10.000/31.250 × 100 = 32 %). Diese Verringerung der Beteiligungsquote der Gründer wird auch als „**Verwässerung**" bezeichnet.

▶ Die **Verwässerung** ist die Herabsetzung der Beteiligungsquote der Altgesellschafter bei Erhöhung des Stammkapitals durch Neugesellschafter, wobei der Nennbetrag der von den Altgesellschaftern gehaltenen Geschäftsanteile nominal gleich bleibt. Die Furcht vieler Gründer vor einer Verwässerung ihrer Beteiligungsquote ist unbegründet, da die Verwässerung in der Regel durch den Einstieg eines Investors bedingt ist und damit gleichzeitig zu einer höheren Bewertung der Gesellschaft (und somit der von den Gründern gehaltenen Geschäftsanteile) führt. Ein sog. Verwässerungsschutz hat in diesem Zusammenhang nichts zu suchen, da auch dieser (vgl., dazu Abschn. 4.2) (die Investoren, nicht die Gründer) nicht vor einer Verwässerung ihrer Beteiligungsquoten schlechthin schützen soll, sondern nur dann, wenn in einer nachfolgenden Finanzierungsrunde die Bewertung der Gesellschaft nach unten sinkt (sog. Down Round).

Als **Gegenleistung** – und insofern gewissermaßen als „**Kaufpreis**" – für die Übernahme der neuen Geschäftsanteile des Start-ups muss der VC-Geber sein **Investment** zahlen. Bei dem hier veranschlagten Investment in Höhe von EUR 2 Mio. entfallen dabei EUR 6250 als Nennbetrag auf die vom Investor übernommenen 6250 neuen Geschäftsanteile. Den übrigen Differenzbetrag von EUR 1.993.750 (EUR 2 Mio. – EUR 6250 = EUR 1.993.750) kann der VC-Geber entweder als **freiwillige Zuzahlung** in die **Kapitalrücklage** oder für den Fall, dass er der Gesellschaft bereits zuvor ein **Wandeldarlehen** zur Verfügung gestellt

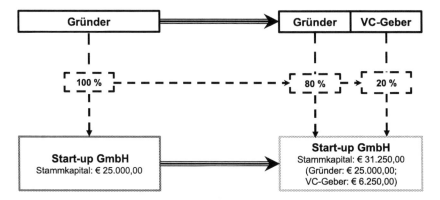

Abb. 3.2 Beteiligungsbeispiel Kapitalerhöhung bei einer GmbH

hat (vgl. hierzu Hahn 2022, § 5.2.2.2), durch die **Abtretung des Rückzahlungsanspruchs** im Falle der Wandlung des Darlehens in das Eigenkapital des Unternehmens leisten.

Bei einem **Wandeldarlehen** gibt der Darlehensgeber der Gesellschaft zunächst ein fest verzinstes Darlehen mit fester Laufzeit. Entscheidet sich der Darlehensgeber zur Wandlung des Darlehensbetrages bzw. ist, wie meist der Fall, die Wandlung im Rahmen einer Finanzierungsrunde zwingend vorgesehen, tritt er seinen Rückzahlungsanspruch des Darlehens an die Gesellschaft ab und erhält dafür Anteile an der Gesellschaft. Wandeldarlehen sind eine beliebte Variante der Zwischenfinanzierung, insbesondere zur kurzfristigen Deckung eines akuten Liquiditätsbedarfs bis zum Abschluss der nächsten (Equity-) Finanzierungsrunde. Entscheiden sich die Parteien für die Darlehensvariante, handelt es sich um eine sog. **„Mezzanine"**-Beteiligung (s. dazu Hahn 2022, § 4.3. und § 7.2.1.4), da das Investment in diesem Fall eine Hybridstellung zwischen Eigen- und Fremdkapital einnimmt.

3.3 Transformation der UG in GmbH

Wurde das Start-up nicht als GmbH, sondern in der Rechtsform einer UG (haftungsbeschränkt) gegründet (zur Rechtsformwahl s. Hahn 2022, § 6.1), besteht im Rahmen der Kapitalerhöhung die Möglichkeit, das Unternehmen in eine GmbH **zu transformieren.**

Hierzu bedarf es einer Erhöhung des Stammkapitals auf mindestens EUR 25.000 (vgl. Henssler und Strohn 2021, § 5a GmbHG, Rn. 11). Die Kapitalerhöhung kann dabei nicht nur durch **Bareinlagen** (also durch Geld), sondern auch durch **Sacheinlagen** (d. h. Vermögensgegenstände, wie bspw. Patente oder Maschinen) erfolgen (im Bereich der Venture Capital-Finanzierung ist dies jedoch aufgrund der damit verbundenen Bewertungsfragen der Sacheinlage sowie deren rechtlicher Komplexität und Unsicherheiten relativ unüblich). Dies gilt zumindest dann, soweit das Stammkapital des Start-ups nach der Erhöhung **über** EUR 25.000 beträgt (BGH NJW 2011, S. 1882). Soll das Stammkapital hingegen auch nach der Kapitalerhöhung weniger als das Mindestkapital einer GmbH (EUR 25.000, § 5 Abs. 1 GmbHG) betragen, kann das Stammkapital der UG nicht durch Sacheinlagen erhöht werden (§ 5a Abs. 2 S. 2 GmbHG).

Vertragliche Regelungen zur Beteiligung des Investors

4

Der Beteiligungsvertrag im engeren Sinne fasst die wesentlichen rechtlichen Bedingungen zusammen, unter denen der Investor in das Start-up investiert und als neuer Gesellschafter eintritt. (s. Abb. 4.1). Die getroffenen Vereinbarungen sind dabei geprägt von der – bereits bei den Beteiligungsverhandlungen bestehenden – Informationsasymmetrie zwischen dem VC-Geber und den Gründern des Start-ups. Diese resultiert daraus, dass der Investor aufgrund fehlender „hard facts" („Fundamentaldaten") die wirtschaftliche Leistungsfähigkeit des jungen Unternehmens und damit einen möglichen Exit-Erlös nur ungenau oder gar nicht kalkulieren kann. Hinzu kommt, dass die Gründer in der Regel besser über die tatsächliche Performance des Start-ups informiert sind als ein Außenstehender.

Um die damit für den VC-Geber verbundenen **Risiken** so gering wie möglich zu halten, bestehen Kapitalgeber deshalb insbesondere auf die Aufnahme folgender Regelungen:

- Investition und Beteiligung
- Verwässerungsschutz
- Zusicherungen und Garantien
- Sonstiges (Nachschusspflichten, Kosten, etc.)

4.1 Investition und Beteiligung

Zu den wichtigsten Regelungspunkten des Beteiligungsvertrages gehören sowohl die **Investition,** zu der sich der Kapitalgeber verpflichtet, als auch die **Anzahl** bzw. daraus resultierend die **Quote** der Anteile, die der VC-Geber im Gegenzug

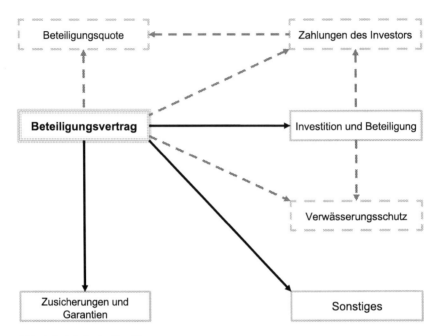

Abb. 4.1 Inhalt des Beteiligungsvertrages.
(im engeren Sinne)

an dem Start-up erhält. Die Höhe der Beteiligung richtet sich nach der jeweiligen Bewertung des Start-ups, wobei in der Praxis überwiegend Minderheitsbeteiligungen angestrebt werden.

Da die Vorstellung des Investors von der Unternehmensbewertung im Einzelfall von der Vorstellung der Gründer abweichen wird – die Gründer werden das wirtschaftliche Potenzial des Start-ups bisweilen positiver bewerten als der Investor –, können über den (vertraglich festgehaltenen) Bewertungsansatz hinausgehende **Bonus-/Malusregelungen** in den Beteiligungsvertrag aufgenommen werden, durch die nach einem bestimmten Zeitabschnitt nochmals **Beteiligungskorrekturen** in Form von **Anteilsverschiebungen** vorgenommen werden. Dies gilt für den Fall, dass der ursprünglichen Unternehmensbewertung zugrunde gelegte Parameter über- oder unterschritten werden (hierbei handelt es sich um ein sog. **„Ratchet"**, vgl. Weitnauer 2022, S. 379 f.).

Durch **Bonus- bzw. Malusregelungen** kann der Investor auf das Erreichen/Nichterreichen von Unternehmenszielen („Meilensteinen") des Start-ups reagieren, indem bei Erreichen vereinbarter und/oder vorausgesetzter Ziele Geschäftsanteile auf die Gründer zurückübertragen ("Bonus") bzw. bei Nichterreichen dementsprechend weitere Geschäftsanteile der Gründer auf den Investor ("Malus") übertragen werden.

Die Parteien können darüber hinaus aber auch vereinbaren, dass der Investor bei einem anhaltenden Kapitalbedarf des Start-ups **weitere** Finanzierungsrunden zu dulden hat oder den zusätzlichen Kapitalbedarf seinerseits zu **decken** verpflichtet ist. In der Praxis wird eine solche "Nachschusspflicht" allerdings nur selten in den Beteiligungsvertrag aufgenommen.

> Soll eine Beteiligung für einen bestimmten Zeitraum zu den identischen wirtschaftlichen Rahmenbedingungen der aktuellen Finanzierungsrunde möglich sein, liegt eine sog. **Second Closing** Vereinbarung vor. Der beabsichtigte Inhalt dieses Second Closing sowie die Verpflichtung der Beteiligten zu dessen Umsetzung können bereits im Beteiligungsvertrag verbindlich vereinbart werden (Thelen 2020, S. 128).

Erfolgt die Kapitalbereitstellung des VC-Gebers aus der Summe von Nennwert/ Nennbetrag und "Sonstiger Zuzahlung", muss die Investition **vollständig** erbracht werden, d. h. der Investor muss sowohl das Kapital zur Erhöhung des Stammkapitals als auch die daneben zu zahlende, wirtschaftlich weit wichtigere "Zuzahlung" als Ganzes erbringen.

Soweit die Volleinzahlung des Investments den Interessen der Parteien nicht entspricht, besteht daneben die Möglichkeit, eine sog. **"Earn-Out"**-Klausel zu vereinbaren. Dabei handelt es sich um eine zeitliche Staffelung der Kapitalbereitstellung, die vom Erreichen bestimmter Unternehmensziele (Meilensteine/ "Milestones") abhängig gemacht wird und vom Investor im Rahmen einer Call-Option ausgeübt werden kann.

Für die ratierliche Zahlung des Investments im Rahmen derartiger "Finanzierungstranchen" gibt es mehrere Möglichkeiten (s. Abb. 4.2): Der VC-Geber kann sein Investment zunächst schrittweise (**"Steps"**) auf zwei oder mehr Tranchen bzw. Kapitalerhöhungen bei gleichbleibender Bewertung des Start-ups verteilen, sodass es bei der Erreichung des entsprechenden Meilensteins zu einer Verschiebung der Beteiligungsquote des VC-Gebers kommt. Sofern der VC-Geber eine solche Verschiebung nicht in Kauf nehmen möchte, besteht daneben die Möglichkeit, die Bewertung des Start-ups zwischen zwei Teiltranchen bei dem Erreichen eines Meilensteins zu erhöhen (**"Step-up"**, vgl. hierzu Weitnauer 2001, S. 1067).

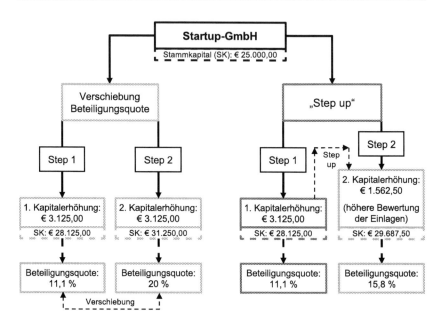

Abb. 4.2 Finanzierungstranchen einer Kapitalerhöhung

Bei **Finanzierungstranchen** handelt es sich um Leistungen eines (Teil-) Investments, das vom Erreichen bestimmter **Meilensteine/Milestones** – also zwischen den Gründern und den VC-Gebern fest vereinbarter Unternehmensziele – abhängt (vgl. Weitnauer 2001, S. 1067).

Zur besseren Verdeutlichung soll hierzu nochmals das Beispiel (S. 3.2) zur Kapitalerhöhung herangezogen werden, bei dem der Investor eine Beteiligung von 20 % durch die Erhöhung des Stammkapitals einer Start-up-GmbH von EUR 5000 auf EUR 31.250 erreichen möchte.

Verteilt der Investor die Kapitalerhöhung auf zwei Tranchen zu je **EUR 3125** so erwirbt er im „1. Step" nicht etwa nur die Hälfte seiner angestrebten Beteiligung von 20 %, also 10 %, sondern die Beteiligungsquote „verschiebt" sich von 10 % auf rund 11,1 % (3125/28.125 × 100 = 11,11 %). Leistet der Investor im „2. Step" die Übrigen EUR 3125, so „verschiebt" sich seine Beteiligungsquote nunmehr auf die ursprünglich angestrebten 20 %.

Der Vorteil des VC-Gebers bei dieser Methode liegt darin, dass er – sofern das Start-up den für die zweite Finanzierungstranche notwendigen Meilenstein nicht erreicht – zumindest eine **höhere** Beteiligungsquote (gemessen an seiner geleisteten Einlage) behält. Bei dieser „schrittweisen" Kapitalerhöhung bleibt die Bewertung der für das Investment erhaltenen Geschäftsanteile stets gleich. Bei der sog. „Step-up"-Methode erfahren die Geschäftsanteile bei Erreichen des zweiten Meilensteins demgegenüber eine **Aufwertung.** Bleibt es bei der oben angeführten Gesamtinvestition von EUR 2 Mio., würde dies auf das Beispiel übertragen bedeuten, dass der VC-Geber lediglich Geschäftsanteile zum Nennwert von EUR 1562,50 erhält und sich seine Beteiligungsquote dementsprechend auf rund 15,8 % (4687,50/29.687,50 × 100 = 15,8 %) verringert. Da die Investitionssumme, also die EUR 2 Mio., sich nicht reduziert, bedeutet dies für den VC-Geber, dass er für das gleiche Investment– aufgrund der nunmehr höheren Bewertung des Start-ups – weniger Geschäftsanteile und damit eine geringere Beteiligung erhält. Diesbezüglich ist das „Step-up"-Modell für Gründer **vorteilhaft.**

4.2 Verwässerungsschutz (Anti-Dilution)

Zur Verringerung des Investitionsrisikos bestehen Investoren oftmals auf die Aufnahme von **„Verwässerungsschutz"**- (**„Anti-Dilution"**-) Klauseln, die mitunter auch als **„downside-protection"**-Regelungen bezeichnet werden. Dadurch will der Investor verhindern, dass bei späteren Finanzierungsrunden (**„down-rounds"**) eine geringere Unternehmensbewertung zugrunde gelegt wird, als bei seiner eigenen Beteiligungsrunde veranschlagt wurde. Dies ist gewöhnlich dann der Fall, wenn die Pre-Money-Bewertung für Folgeinvestoren niedriger als die Post-Money-Bewertung der aktuellen Finanzierungsrunde sein sollte.

> ▷   Der Begriff „Verwässerungsschutz" ist an sich irreführend, weil es dabei nicht um einen Schutz schlechthin vor jeder Reduzierung der Beteiligungsquote geht, sondern allein um den angesprochenen Schutz vor einer niedrigeren Bewertung bei dem Hinzutreten weiterer Investoren.

Ist das Bewertungsniveau des Start-ups in der neuen Finanzierungsrunde im Vergleich zur ursprünglichen Unternehmensbewertung gesunken, ermöglichen Verwässerungsschutzklauseln daher den Altinvestoren, ihre Beteiligung an dem Start-up durch die Übernahme bzw. „Zeichnung" neuer Geschäftsanteile oder Aktien zu einem geringeren Nominalbetrag aufzustocken (**„kompensierende Anteilsausgabe"**). Dies ergibt sich aus dem über das für die GmbH in entsprechender Anwendung von § 186 Abs. 1 AktG geltende Bezugsrecht von

Gesellschaftern bei Kapitalerhöhungen. Die Investoren haben also das Recht, neue Geschäftsanteile in dem Nominalwert gegen Bareinlage zu zeichnen, der erforderlich ist, um ihre Beteiligungsquote vor der (Folge-) Kapitalerhöhung zu erhalten. Bis zu welchem Niveau der Übernahmepreis dabei gesenkt werden kann, hängt davon ab, ob eine „**Full-Ratchet**"- (s. Abb. 4.3a) oder „**Weighted-Average**"- Klausel (s. Abb. 4.3b) vertraglich vereinbart wurde (v. Einem et al. 2004, S. 2702).

Verwässerungsschutz kann dem VC-Geber in Form eines Full-Ratchet oder mithilfe der Average- bzw. Weight-Average-Methode gewährt werden. Bei einem sog. **Full-Ratchet** kann ein Investor einer früheren Finanzierungsrunde so viele weitere Geschäftsanteile übernehmen („zeichnen") bis der Durchschnittspreis aller seiner Geschäftsanteile dem innerhalb späterer Finanzierungsrunden ermittelten Einstiegspreis des Neuinvestors entspricht (Weitnauer 2022, S. 380/381). Alternativ hierzu können im Rahmen der **Average-Methode** die bisherigen Finanzierungsrunden zusammengefasst und auf dieser Grundlage eine durchschnittliche Unternehmensbewertung bzw. durchschnittliche Übernahmepreise der Geschäftsanteile ermittelt werden (Dittmar et al. 2013). Sofern bei der Bildung solcher Durchschnittsbewertungen zusätzlich die divergierenden Summen des durch die einzelnen Investoren in den entsprechenden Finanzierungsrunden eingebrachten Kapitals berücksichtigt werden, handelt es sich um einen sog. **Weighted-Average**-Verwässerungsschutz (v. Einem et al. 2004, S. 2703).

4.3 Garantien

Der Investor tätigt seine Investition auf der Grundlage der Aussagen und Zusicherungen der Gründer über die rechtlichen Verhältnisse sowie über die wesentlichen Punkte der operativen Situation des Unternehmens zum Zeitpunkt des Abschlusses des Beteiligungsvertrages.

Beteiligungsverträge enthalten daher eine Vielzahl von **Zusicherungen** und selbstständigen **Garantien,** welche die Parteien im Zivilrecht nach dem Grundsatz der Vertragsfreiheit, § 311 Abs. 1 BGB, vereinbaren können. Die Garantien stellen dabei ein eigenständiges und abgeschlossenes **Haftungsregime** dar, das die gesetzlichen Bestimmungen zur Haftung ergänzt oder sogar – soweit rechtlich zulässig – vollständig ersetzt.

In der Regel ist der Investor daran interessiert, die Bewertung der Gesellschaft, die er selbst zugrunde gelegt hat, durch Zusicherungen langfristig zu **erhalten,** um bei Abweichungen von dem angenommen Wert Verluste **kompensieren** zu können.

a

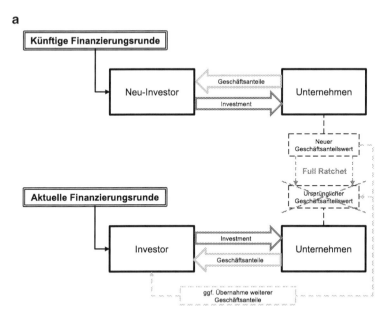

b

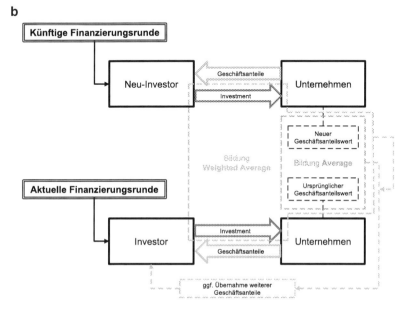

Abb. 4.3 **a** Full-Ratchet Verwässerungsschutz. **b** Weighted Average Verwässerungsschutz

Da sich ungeachtet der durchgeführten Due Diligence (s. dazu oben 1.3) die rechtlichen und wirtschaftlichen Verhältnisse nur beschränkt bewerten lassen und diese ohnehin stets von der Richtigkeit und Vollständigkeit der überlassenen Informationen abhängen, wird das Investment von umfangreichen und verschuldensunabhängigen Garantieversprechen i. S. v. § 311 Abs. 1 BGB abhängig gemacht (Thelen 2020, S. 129).

Gleichzeitig wird das gesetzliche Haftungsregime (Gewährleistungsrecht, Haftung nach den Grundsätzen der culpa in contrahendo) ausgeschlossen. An die Stelle der gesetzlichen Bestimmungen treten ausführliche vertragliche Regelungen („**Garantiekatalog**") zu den Folgen einer Garantieverletzung wie Form des Schadensersatzes, Verjährung, Begrenzung des Umfangs („cap") und Ausschluss des Schadensersatzes (bspw. „de-minimis-Regelung"). Dabei wird vertraglich klargestellt, dass es sich bei den Garantien um solche nach § 311 Abs. 1 BGB handelt und nicht um Beschaffenheitsvereinbarungen nach § 434 Abs. 1 BGB oder Garantien für die Beschaffenheit einer Sache i. S. d. §§ 443, 444 BGB (Thelen 2020, S. 129).

Üblich sind in diesem Zusammenhang Garantien der Gründer und des Startups selbst, wobei letztgenannte nicht immer zulässig sind. Die Wirksamkeit einer entsprechenden Zusicherung ist insbesondere dann zweifelhaft, sofern sich das Unternehmen selbst verpflichtet, bei der Verletzung von gegebenen Garantien Schadensersatz an die (Neu-) Gesellschafter zu leisten.

Insoweit besteht die Gefahr der Umgehung des **Kapitalerhaltungsgrundsatzes** (vgl. § 30 Abs. 1 GmbHG bzw. § 57 Abs. 1 AktG), wonach das Stamm- oder Grundkapital seine Funktion als garantierte Haftungsmasse nur erfüllen kann, soweit das Mindestvermögen nicht durch Auszahlungen an die Gesellschafter oder Aktionäre aufgebraucht wird. Folglich darf der Investor sein Investitionsrisiko nicht auf das Start-up abwälzen (Mellert 2003, S. 1099), da ihm in wirtschaftlicher Betrachtungsweise seine geleistete Einlage bei einer unrichtigen Garantie der Gesellschaft durch die Zahlung aus einer Garantieverletzung wieder rückerstattet wird.

In dieser Hinsicht weniger problematisch sind demgegenüber persönliche Zusicherungen und Garantien der **Unternehmensgründer,** die in der Praxis von Investoren fast immer verlangt werden. Solche Zusicherungen betreffen oftmals Fragen, die bereits Gegenstand der Due Diligence waren, wie bspw. die ordnungsgemäße Errichtung, das tatsächliche Bestehen und die Lastenfreiheit der Geschäftsanteile oder die vollständige und zutreffende Darstellung der operativen Unternehmenssituation durch die Gründer.

Insbesondere bei digitalbasierten Unternehmen ist in diesem Zusammenhang ferner unerlässlich, dass die zum ordnungsgemäßen Geschäftsbetrieb erforderlichen IP-/IT-Rechte bei der Gesellschaft liegen bzw. sofern dies noch nicht der Fall ist, von den Gründern unentgeltlich an die Gesellschaft übertragen werden (**"IP-/IT Garantie"**).

▶ **Wichtig**
Die wichtige Frage, ob sämtliche zum Geschäftsbetrieb des Unternehmens erforderlichen IP/IT-Rechte (z. B. Software, Konzepte, Quellcode und Objektcode, Texte, Bilder, Grafiken, Unterlagen, Skizzen, Konzepte, Algorithmen, Domains, Marken, Logos etc.) beim Unternehmen liegen, ist bereits im Rahmen der Due Diligence wichtig und spätestens bei der Abgabe der geforderten verschuldensunabhängigen IP-/IT-Garantie entscheidend. Die Gründer sollten daher selbst sowie mit sämtlichen Mitarbeitern und vor allem Freelancern eine entsprechende **IP-Rechteübertragungs- bzw. -Nutzungsvereinbarung** abschließen, um eine entsprechende Garantie "nach bestem Wissen" abgeben zu können.
Die Rechteübertragungsvereinbarung sollte dabei u. a. die jeweils beabsichtigten Nutzungsarten der kreativen Ergebnisse im Einzelnen exemplarisch aufführen. Bei freien Mitarbeitern ist der Abschluss einer separaten IP-Rechteübertragungsvereinbarung hingegen zwingend erforderlich, da hier bspw. § 43 UrhG nicht gilt, wonach dem Arbeitgeber auch ohne gesonderte vertragliche Vereinbarung diejenigen Nutzungs- und Verwertungsrechte an den urheberrechtlichen Werken des Arbeitnehmers (vgl. § 2 UrhG) eingeräumt werden, die der Arbeitnehmer "in Erfüllung seiner Verpflichtungen aus einem Arbeits- oder Dienstverhältnis geschaffen hat".
Um Unklarheiten darüber zu vermeiden, ob die Schöpfungen tatsächlich in Erfüllung der Verpflichtungen aus dem Arbeitsverhältnis geschaffen worden sind, sollten klare Regelugen zum Aufgabenkreis eines kreativ tätigen Mitarbeiters in den Arbeitsvertrag aufgenommen werden. Darüber hinaus empfiehlt sich aus Gründen der Klarheit aber auch hier der Abschluss einer separaten IP-Rechteübertragungs- bzw. -Nutzungsvereinbarung.
Dies gilt insbesondere vor dem Hintergrund des im Urheberrecht geltenden Grundsatzes, dass Nutzungsrechte an urheberrechtlich geschützten Werken im Zweifel – also ohne eine entsprechende konkrete, die jeweiligen Nutzungsarten exemplarisch aufführende

Vereinbarung – nur im geringsten, dem Zweck des Grundver-
tragsverhältnisses annehmbaren Umfang übertragen werden (sog.
„Zweckübertragungsgrundsatz", vgl. auch § 31 Abs. 5 UrhG).

Sofern die Unternehmensgründung **gewissenhaft** vorbereitet und ordnungsgemäß
umgesetzt wurde, dürften derartige Garantien mit einem überschaubaren Risiko
abgegeben werden können (vgl. auch Dittmar et al. 2013).

▶ Entscheidend ist dabei vor allem aus Sicht der Gründer, ob
   die Garantien verschuldensunabhängig abgegeben werden oder nur
   („nach bestem Wissen") aus subjektiver Sicht der Gründer die posi-
   tive Kenntnis bzw. Unkenntnis von bestimmten Umständen zum
   Gegenstand haben. Wenige (nicht vorhandene) Worte in den vertraglichen Bestimmungen können hier einen erheblichen Unterschied
   machen.

Etwas anderes gilt allerdings für (prospektive) Zusicherungen der Gründer zum
operativen Geschäft des Start-ups und seiner Entwicklung. Solche Garantien
dürfen nie abgegeben werden, da es sich letztlich um das gemeinsame unter-
nehmerische Risiko mit dem Investor handelt. Soweit bestimmte Garantien nicht
oder nicht im erforderlichen Umfang abgegeben werden können, sind entsprechende Einschränkungen sorgfältig in den Vertrag oder entsprechende Anlagen
aufzunehmen.

Bei der Abgabe von Garantien ist stets zu beachten, dass die Gründer bei
Verletzung solcher Garantiezusagen persönlich, d. h. auch mit ihrem Privatver-
mögen haften. Dementsprechend sollte aus Gründersicht darauf geachtet werden,
dass erstens möglichst wenige Garantien in den Beteiligungsvertrag aufgenommen werden und zweitens bei unvermeidbaren Garantieverlangen der VC-Geber
zumindest die Rechtsfolgen (z. B. Haftungsbeschränkung auf den Betrag der
vom Investor geleisteten Einlage und Zuzahlungen) klargestellt werden. **Haf-
tungshöchstbetrag (Cap)**, verkürzte Verjährung, Möglichkeit der Erfüllung von
Schadensersatzansprüchen durch Abtretung von Geschäftsanteilen etc.) begrenzt
und schließlich die übernommenen Zusicherungen und Garantien ausdrücklich
als abschließende Regelung der Garantiehaftung und der Garantieansprüche
ausgestaltet werden.

Ungeachtet aller von den Gründern verlangten Garantien muss sich der Investor darüber im Klaren sein, dass das mit der Beteiligung an einem Start-up
verbundene finanzielle Engagement auch zum Totalverlust seiner Investition führen kann. Entscheidend für das Für und Wider seines Investments sollten daher

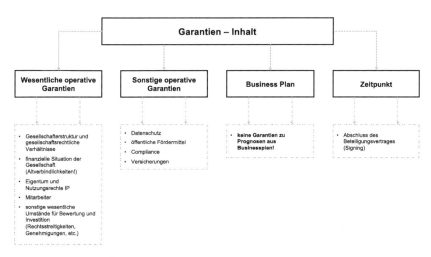

Abb. 4.4 Garantien Überblick.

nicht die Garantien der Gründer sein, sondern seine eigene Entscheidung, Prüfung und Bewertung des Geschäftsmodells und vor allem der dahinter stehenden
Gründerpersonen.

Die üblichen operativen Garantien beziehen sich in der Regel auf die in
Abb. 4.4 dargestellten Umstände:

4.4   Sonstiges (Pay to Play, Kosten u. a.)

Des Weiteren besteht (in seltenen Ausnahmefällen) die Möglichkeit, dass die
Parteien eine Nachschusspflicht des VC-Gebers durch eine sog. **„Pay to Play"**-
Klausel vertraglich festlegen. Dies hat für die Gründer den Vorteil, dass die
Finanzierung des Start-ups bei einer solchen Vereinbarung langfristig gesichert
ist. Eine „Pay to Play"-Klausel ist in der Regel so ausgestaltet, dass der Investor seine Sonderrechte – insbesondere den gewährten Verwässerungsschutz, die
Liquidationspräferenzen (s. unten Abschn. 5.5) oder sogar seine Geschäftsanteile
und damit seine Beteiligung an dem Start-up – gänzlich **verliert,** wenn er bei
einer neuerlichen Finanzierungsrunde von seinem Bezugsrecht keinen Gebrauch
macht (Weitnauer 2022, S. 382). Hierzu bedarf es allerdings der ausdrücklichen
Zustimmung des Investors im Beteiligungsvertrag (im engeren Sinne) oder der

Gesellschaftervereinbarung. Der Investor wird jedoch regelmäßig nicht zu weiteren Zahlungen bereit sein, sobald er sein Investment vollumfänglich geleistet hat. Insofern wird er die entsprechende Zustimmung zu einer Nachschusspflicht in der Praxis höchst selten erteilen.

Schließlich sollten die Parteien auch klären, wie die im Zusammenhang mit dem Abschluss des Beteiligungsvertrages anfallenden **Kosten** aufzuteilen sind. Im Zweifel wird sich der Investor zur Übernahme der Notar- (Beurkundung des Vertrages) und Eintragungskosten (Eintragung im Handelsregister) sowie der in Zusammenhang mit dem Entwurf und der Verhandlung der Vereinbarung stehenden Beraterkosten verpflichten. Hinsichtlich der Honorare für in Anspruch genommene Rechts-/Steuer- und Wirtschaftsberatungsleistungen empfiehlt es sich allerdings, eine **Obergrenze** festzulegen, bis zu derer die anfallenden Kosten auf Seite des Start-ups vom VC-Geber übernommen werden (Weitnauer 2022, S. 391). In diesem Zusammenhang kann sich jedoch die Problematik stellen, dass die Übernahme der beim VC-Geber aufgelaufenen (Berater-) Kosten durch das Unternehmen eine unzulässige Einlagenrückgewähr darstellen kann.

Im Übrigen können im Beteiligungsvertrag – je nach Geschäftsmodell und Branche des Start-ups – Absprachen über folgende Regelungspunkte getroffen werden (Weitnauer 2001, S. 1070):

- **besondere Zustimmungs- oder Vetorechte** bei ungewöhnlichen Rechtsgeschäften mit erheblichen Risiken
- Regelungen zur Rechtsnachfolge und zu weiteren dem Investor gewährten **Sonderrechten**
- Gewährung von Krediten bzw. Stellung von Sicherheiten bei Krediten an Gesellschafter und/oder deren Angehörige
- Notwendigkeit behördlicher Genehmigungen und Konzessionen
- Gerichtsstand bei Rechtsstreitigkeiten
- Steuerpflichten und sonstige öffentliche Abgaben
- Übernahme/Fusionen von/mit anderen Unternehmen

Gesellschaftervereinbarung

5

Die **Gesellschaftervereinbarung (Shareholders' Agreement, „SHA")** enthält besondere Regelungen zwischen den einzelnen Gesellschaftern – bei der VC-Finanzierung also insbesondere den Gründern (Altgesellschafter) und dem Investor (Neugesellschafter). Dort werden – in der Regel als Anlage zum Beteiligungsvertrag – Verhaltenspflichten für die Gründer definiert, die durch detailliert ausgestaltete Sonderrechte des Investors flankiert werden.

Im Unterschied zum Beteiligungsvertrag im engeren Sinne, der die Modalitäten des Investments sowie des Beitritts des VC-Gebers als neuer Gesellschafter des Unternehmen regelt, bestimmt die Gesellschaftervereinbarung die **Beziehungen** und **Rechte** der Gesellschafter untereinander. Demgegenüber regelt der Gesellschaftsvertrag (zum Verhältnis von Beteiligungsvertrag, Gesellschaftervereinbarung und Gesellschaftsvertrag s. Abb. 5.1), der auch als Satzung bezeichnet wird, zunächst die Vereinbarung der Gründungsgesellschafter über die Errichtung der Gesellschaft sowie die grundsätzlichen allgemeinen Rechtsverhältnisses aller Gesellschafter.

Die Gesellschaftervereinbarung ist (auch nach der zum 01.01.2024 in Kraft getretenen Neuregelungen des Personengesellschaftsrechts) für eine bestimmte Mindestlaufzeit zu befristen. Andernfalls besteht die Möglichkeit eines jeden Gesellschafters, diese unter Einhaltung einer Frist von drei Monaten zum Ablauf des Kalenderjahres gegenüber der Gesellschaft zu kündigen (§ 725 Abs. 1 BGB) und somit die Gefahr, dass der mit dem Beteiligungsvertrag verfolgte und und durch die Gesellschaftervereinbarung flankierte Investmentzweck – sei es durch die Gründer oder den Investor – konterkariert wird. Da die einseitige Kündigung der Gesellschaftervereinbarung durch einen Gesellschafter nicht gewünscht

© Springer Fachmedien Wiesbaden GmbH, ein Teil von Springer Nature 2024
C. Hahn, *Der Beteiligungsvertrag*, essentials,
https://doi.org/10.1007/978-3-658-44428-0_5

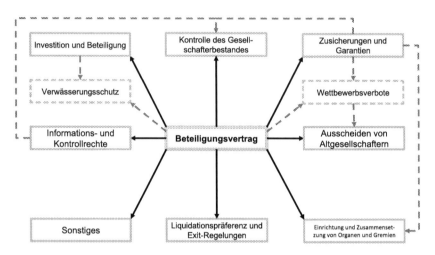

Abb. 5.1 Verhältnis Beteiligungsvertrag, Gesellschaftervereinbarung und Satzung

ist, gilt dies weiterhin trotz des neuen § 723 Abs. 1 BGB, der nunmehr vorsieht, dass eine Kündigung lediglich zum Ausscheiden dieses Gesellschafters
und nicht mehr automatisch zur Auflösung der Gesellschaft führen und somit
eine sog. Fortsetzungsklausel nicht mehr erforderlich ist. Die Anwendbarkeit der
vorgenannten Vorschriften ergibt sich daraus, dass die Gesellschaftervereinbarung rechtlich selbst als eine sog. „Innengesellschaft bürgerlichen Rechts" (GbR)
einzuordnen ist (mit der Folge, dass somit auch die Vorschrift des § 725 BGB
anwendbar ist), da sie zur „Erreichung eines gemeinsamen Zwecks in der durch
den Vertrag bestimmten Weise" (§ 705 Abs. 1 BGB) die Gesellschafterstellung
zwischen Neu- und Altgesellschaftern, bestenfalls bis zum Exit, bestimmt und
konkretisiert.

Der **Gesellschaftsvertrag (Satzung)** (bspw. einer GmbH) ist die Grundlage
für die Rechtsverhältnisse der Gesellschaft, wie bspw. die Vertretung gegenüber
Dritten im Außenverhältnis, die internen Beziehungen zu den Gesellschaftern und
die Rechtsstellung der Organe (Geschäftsführer) sowie die Befugnisse der Gesellschafter im Innenverhältnis (u. a. Einberufung der Gesellschafterversammlung,
Aufgaben der Gesellschafterversammlung, Beschlussfähigkeit und Beschlussfassung, etc.). Die Satzungsregelungen wirken insofern über die am Vertragsschluss
beteiligten Gründer hinaus, sind als Verfassung des Unternehmens auch für künftige Gesellschafter bindend (sofern sie nicht mehrheitlich abgeändert werden) und
haben zudem für den allgemeinen Rechtsverkehr Bedeutung (Wicke 2016, § 2,

Rn. 2). Darüber hinaus ist der Gesellschaftsvertrag des Unternehmens öffentlich im Handelsregister für jedermann einsehbar.

Inhaltlich muss der Gesellschaftsvertrag den Sitz der Gesellschaft, den Gegenstand des Unternehmens, den Betrag des Stammkapitals und die Zahl und die Nennbeträge der Geschäftsanteile, die jeder Gesellschafter gegen Einlage auf das Stammkapital (Stammeinlage) übernimmt, enthalten (§ 3 Abs. 1 GmbHG, s. hierzu auch Hahn 2022 § 7 2.1.3.1.3).

Obgleich sich die Befugnisse der Gesellschafter im **Innenverhältnis** mit der zwischen den Gründern und den VC-Gebern getroffenen Gesellschaftervereinbarung **decken** werden, bedarf der Gesellschaftsvertrag zur Umsetzung des Beteiligungsvertrags (im engeren Sinne) wie auch der Gesellschaftervereinbarung regelmäßig einer Anpassung. Hierbei empfiehlt es sich, die Satzungsanpassung lediglich auf diejenigen Änderungen zu beschränken, die zur Umsetzung der innerhalb der Gesellschaftervereinbarung getroffenen Regelungen zwingend notwendig sind (vgl. Maidl und Kreifels 2003, S. 1092).

In die Gesellschaftervereinbarung sollten etwa folgende Punkte aufgenommen werden:

- **Einrichtung und Zusammensetzung von Organen und Gremien (Aufsichtsrat, Beirat)**
- **Kontrolle** des Gesellschafterbestandes
- **Ausscheiden** von (Alt-)Gesellschaftern
- **Informations-** und **Kontrollrechte**
- **Exit**-Regelungen und **Liquidationspräferenzen**
- **Vesting** der Anteile der Gründer

5.1 Einrichtung und Zusammensetzung von Organen und Gremien

Besteht der Investor darauf, dass eine Person seines Vertrauens (Co-) Geschäftsführer wird, so ist dies ist durch ein sog. **Benennungs-** oder **Bestellungsrecht** sicherzustellen. In der Praxis werden sich die Gründer dann einem entsprechenden Vorschlag des Investors nur aus wichtigen, im Interesse der Gesellschaft liegenden Gründen widersetzen können. Alternativ kann ein **Vetorecht** vereinbart werden, das einen gegenteiligen Beschluss der übrigen Gesellschafter blockiert.

Es kann auch empfehlenswert sein, sich über die Einrichtung und Besetzung eines **Aufsichtsrates** zu verständigen, sofern ein solcher noch nicht besteht. Der

Aufsichtsrat ist ein Kontrollorgan, dessen Hauptaufgabe darin besteht, unwirt-
schaftliches, fehlerhaftes und/oder eigennütziges Verhalten der Geschäftsführung
aufzudecken bzw. zu verhindern (Henssler und Strohn 2021, § 52 GmbHG, Rn.
12). Bei Kapitalgesellschaften ist die Einrichtung eines Aufsichtsrats teilweise
gesetzlich vorgeschrieben (so z. B. für die AG gemäß §§ 95 AktG ff.) oder kann
sich aus dem Gesellschaftsvertrag ergeben (so z. B. § 52 GmbHG für die GmbH,
in diesem Fall handelt es sich um einen sog. **„fakultativen Aufsichtsrat"**). Bei
der Besetzung des Aufsichtsrats müssen die Gründer damit rechnen, dass der
Investor mindestens ein Mitglied (regelmäßig sich selbst) dieses Kontrollorgans
selbst bestimmen will.

Je nach Branche des Start-ups kann es im Einzelfall aber sinnvoll sein,
„nur" einen **Beirat („Board")** einzurichten, der die Geschäftsführung berät und
mit Fachwissen unterstützt (vgl. Maidl und Kreifels 2003, S. 1094). Ob die
Einrichtung eines Aufsichtsrats oder Beirats in der Frühphase des Start-ups
tatsächlich notwendig ist, sollten die Gründer gemeinsam mit dem Investor abwägen. Entsprechende Regelungen zur Einrichtung eines fakultativen Aufsichtsrates/
Beirates sollten aber in jedem Fall im Gesellschaftsvertrag selbst und nicht nur in
der Gesellschaftervereinbarung vorgesehen werden (vgl. Kammergericht Berlin,
Urteil vom 23. Juli 2015 – Az. 23 U 18/15).

5.2   Kontrolle des Gesellschafterbestandes

Von entscheidender Bedeutung ist die Zusammensetzung des Gesellschafterkrei-
ses des VC-finanzierten Unternehmens. Als Gesellschafter und damit im **Cap
Table** der Gesellschaft sind grundsätzlich nur die operativ tätigen Gründer sowie
die Kapitalgeber (Business Angel, Investoren) vorgesehen. Dritte (die nicht operativ für die Gesellschaft tätig sind bzw. der Gesellschaft kein Kapital zur
Verfügung gestellt haben) haben im Cap Table der Gesellschaft grundsätzlich
nichts zu suchen – für sie kommt ggf. eine virtuelle Beteiligung in Betracht,
sofern sie als Key Person für die Entwicklung der Gesellschaft von besonderer
Bedeutung sind. Es ist daher unbedingt sicherzustellen, dass die Geschäftsanteile
nicht beliebig an Dritte übertragen werden können.

Die entsprechende Einschränkung der Übertragbarkeit eines Anteils wird auch
als **„Vinkulierung"** bezeichnet. Vinkulierungen innerhalb einer **„Lock-Up Periode"** – also einem Zeitraum, in dem es den Gesellschaftern des Start-ups
untersagt ist, ihre Geschäftsanteile an außerhalb des Unternehmens stehende
Dritte zu veräußern – werden in der Praxis durch zivilrechtlich anerkannte

(§ 137 S. 2 BGB) schuldrechtliche Vereinbarungen in Form von Zustimmungsvorbehalten, Andienungspflichten bzw. Vorerwerbs- oder Vorkaufsrechten geregelt (vgl. Weitnauer 2001, S. 1071).

Eine **Vinkulierung** (lat. *vinculum* = Fessel) beschreibt die – in der Regel zeitlich begrenzte – Beschränkung der Übertragbarkeit der Geschäftsanteile auf Dritte insofern, als sie zu ihrer Übertragung der Zustimmung der übrigen Gesellschafter oder zumindest des Investors bedürfen (vgl. Roth und Altmeppen 2021, § 15, Rn. 97).

Derartige Zustimmungsvorbehalte bewirken, dass ein Gesellschafter die von ihm gehaltenen Geschäftsanteile nur bei Einverständnis aller oder einer Mehrheit der übrigen Gesellschafter an einen Dritten veräußern kann. Andienungspflichten, Vorerwerbs- und Vorkaufsrechte (**„Rights of first refusal"**) stellen demgegenüber sicher, dass ein Gesellschafter, der seine Geschäftsanteile verkaufen möchte, diese zunächst den übrigen Gesellschaftern anbieten muss.

▶ **Wichtig**

Ein **Right of first refusal** bezeichnet ein Vorkaufsrecht, das bestehenden Gesellschaftern bei Kaufangeboten von Dritten den Erwerb der Geschäftsanteile des veräußerungswilligen Gesellschafters vor dem Verkauf an den potenziellen Käufer ermöglicht.

Bei jeder beabsichtigten Veräußerung von Geschäftsanteilen ist daher ein entsprechender Gesellschafterbeschluss herbeizuführen, der zum einen die Zustimmung aller Gesellschafter zur Veräußerung der Geschäftsanteile selbst und zum anderen darüber hinaus den ausdrücklichen Verzicht der übrigen Gesellschafter auf ihre etwaigen Erwerbs- und Vorkaufsrechte (soweit diese eben nicht ausgeübt werden sollen) vorsieht.

Da solche vertraglichen Konstruktionen lediglich zwischen den Parteien der Gesellschaftervereinbarung wirken, kann ein Gesellschafter seine Geschäftsanteile – trotz Vinkulierung oder bestehender Vorkaufsrechte der übrigen Gesellschafter – dennoch wirksam auf einen Dritten übertragen. Insofern empfiehlt es sich, für derartiges Handeln Sanktionen, wie Schadensersatzansprüche oder Vertragsstrafen in die Gesellschaftervereinbarung aufzunehmen oder „satzungsfest" zu machen:

Ist die Vinkulierung nämlich in der Satzung selbst verankert, ist sie auch gegenüber Dritten wirksam, da gem. § 15 Abs. 5 GmbHG die Abtretung von

Geschäftsanteilen ausdrücklich eingeschränkt, insbesondere von der Genehmigung der Gesellschaft oder der Zustimmung aller Gesellschafter oder der Gesellschafterversammlung abhängig gemacht werden kann (Thelen 2020, S. 134). Eine (gegen die Vinkulierung) erfolgte Abtretung wäre schwebend unwirksam und würde erst nach Vorliegen der in der Vinkulierungsklausel vereinbarten Voraussetzungen rückwirkend wirksam werden (Henssler und Strohn 2021, § 15 GmbHG, Rn. 99; Thelen 2020, a. a. O.)

5.3   Ausscheiden von (Alt-)Gesellschaftern (Drag Along/Tag Along)

Im Hinblick auf einen späteren Exit sind Mitverkaufspflichten („**Drag Along**") und Mitverkaufsrechte („**Tag Along**") sowohl für den Investor als auch für die Gründer von zentraler Bedeutung. Diese Klauseln sind unerlässlich, um eine einheitliche Übertragung der Anteile auf einen Käufer beim Exit zu gewährleisten und eine Zersplitterung der Gesellschafterstruktur zu vermeiden, was für potenzielle Käufer oft ein entscheidendes Kriterium darstellt.

▷   Wagniskapitalgeber engagieren sich typischerweise durch den Erwerb von Anteilen an Portfoliounternehmen mit dem Ziel, diese Anteile nach einer relativ kurzen Zeitspanne, in der Regel nach wenigen Jahren, im Rahmen eines Exits zu veräußern. Die Käufer zeigen häufig ein ausgeprägtes Interesse am Erwerb des gesamten Unternehmens. Dieses Interesse beruht auf dem Wunsch, die vollständige Kontrolle über das Unternehmen zu erlangen, ohne sich mit anderen Anteilseignern, einschließlich Minderheitsaktionären, auseinandersetzen zu müssen.

Durch solche Regelungen (Drag Along) kann die Mehrheit der Gesellschafter die Minderheitsgesellschafter zwingen, ihre Anteile zu den gleichen Bedingungen wie die Mehrheitsgesellschafter an einen Dritten zu veräußern. Dies sichert die Übertragbarkeit der Anteile und erleichtert damit einen sauberen und unkomplizierten Verkaufsprozess. Umgekehrt wird den Minderheitsgesellschaftern das Recht eingeräumt (Tag Along), ihre Anteile bei einem Verkauf durch die Mehrheitsgesellschafter zu den gleichen Konditionen zu veräußern, was ihnen eine faire Teilhabe an der Wertsteigerung ermöglicht und sie vor einer nachteiligen Verwässerung ihrer Anteile schützt.

Darüber hinaus können Kopplungen der Gesellschafterstellung an die entsprechende Zugehörigkeit zur Geschäftsführung einen Schutz vor einem vorzeitigen Ausscheiden von Gründern aus der Geschäftsleitung bewirken (**„Founder Vesting"**, siehe dazu Hahn 2022, 7.2.1.3.3.6 sowie Abschn. 5.6).

≫ Unter einer **Drag Along**-Klausel versteht man eine vertragliche Vereinbarung, die einem oder mehreren Investoren die Pflicht („drag along" = dt. „mitreißen") auferlegt, im Falle des Verkaufs der Geschäftsanteile des Start-ups durch einen Gesellschafter oder eine Gesellschaftergruppe die eigenen Anteile zu den gleichen Bedingungen mitzuveräußern, um dem Käufer so zu ermöglichen, die gesamten Anteile oder zumindest eine kontrollierende Mehrheit zu übernehmen. Demgegenüber gewährt eine **Tag Along**- Klausel Kapitalgebern das Recht („tag along" = dt. „mitkommen"), ihren Minderheitsanteil teilweise oder vollständig zu den gleichen Bedingungen wie die Mehrheitsgesellschafter zu verkaufen (Weitnauer 2022, S. 401/402).

5.4 Informations- und Kontrollrechte

Die Gründer verpflichten sich in der Gesellschaftervereinbarung, dem Kapitalgeber regelmäßig Bericht (**Reporting**) über die wirtschaftliche und finanzielle Lage der Gesellschaft zu erstatten sowie ihn bei Ereignissen, die nicht zum normalen Geschäftsbetrieb gehören, zu informieren. Diese Berichterstattungspflicht kann dabei – sowohl hinsichtlich der **Frequenz** als auch der zu unterrichtenden **Themen** – weit über die im Gesellschaftsrecht verankerten Informationsrechte von GmbH-Gesellschaftern (§ 51a GmbHG) oder AG-Aktionären (z. B. Auskunftsrecht der Aktionäre in der Hauptversammlung, § 131 AktG) hinausgehen.

Trotz eines – vertraglich oder gesetzlich – festgelegten Informationsrechts können die Gesellschafter die Erteilung von Auskünften nicht **grenzenlos** verlangen. Dies gilt insbesondere dann, wenn das Gesellschaftsrecht für die Gesellschaftsform besondere Verschwiegenheitspflichten vorsieht (hierzu s. Mellert 2003, S. 1099): So dürfen GmbH-Geschäftsführer Informationen bspw. verweigern, wenn zu befürchten ist, dass der Gesellschafter die Informationen zu **gesellschaftsfremden** Zwecken verwenden und dadurch der Gesellschaft oder einem verbundenen Unternehmen einen nicht unerheblichen Nachteil zufügen wird (§ 51a Abs. 2 S. 1 GmbHG). Die Informationsverweigerung muss dabei durch einen Gesellschafterbeschluss festgelegt werden (§ 51a Abs. 2 S.

2 GmbHG). Dies führt in der Praxis dazu, dass der Geschäftsführer **sofort** nach Eingang des Informationsverlangens prüfen muss, ob sich Anhaltspunkte für ein Verweigerungsrecht ergeben können (Michalski 2023, § 51a, Rn. 176).

5.5   Exit-Regelungen und Liquidationspräferenzen

➤   **Liquidations-** bzw. **Erlöspräferenzen** dienen der finanziellen Bevorzugung des Investors im Falle seines Ausstiegs („Exit") zur Realisierung einer finanziellen Rendite aus seiner Beteiligung. Derartige Vereinbarungen ermöglichen es dem VC-Geber, beim Exit (zumindest) sein Investment zurück zu erhalten, bevor der verbleibende Exit-Erlös – entsprechend der jeweiligen Beteiligungsquote – auf die übrigen Gesellschafter verteilt wird.

Obgleich sich die wirtschaftliche Entwicklung des Start-ups nur schwer vorhersehen lässt, sind Regelungen in der Gesellschaftervereinbarung, die bereits in dieser frühen Phase auf den Exit Bezug nehmen, sinnvoll und üblich. Bei solchen Absprachen sollte dem Unternehmen allerdings genügend Spielraum für seinen **Reifeprozess** gegeben werden. Insofern müssen die Gründer darauf achten, dass die entsprechenden Verhandlungen nicht nur durch die Renditeinteressen des VC-Gebers bestimmt werden.

In diesem Zusammenhang wird der VC-Geber regelmäßig auf **Liquidationspräferenzen** zu seinen Gunsten hinwirken. Eine solche Klausel beinhaltet in der Regel, dass der Investor im Exit-Fall oder aber bei Auflösung und Liquidation des Start-ups **vorrangig** vor den Gründern und allen anderen Gesellschaftern sein geleistetes Investment **zurückerhält.** Ihm gegenüber vorrangig bleiben jedoch Fremdkapitalgeber oder andere mezzanine Finanzierungsmittel (wie bspw. Wandeldarlehen, vgl. oben Abschn. 3.2), sofern nicht im internen Verhältnis ein vertraglicher Rangrücktritt vereinbart wird (Weitnauer 2022, S. 405).

Entscheidend für die wirtschaftliche Bedeutung von Liquidationspräferenzen im Exit-Fall ist die Frage, ob diese **anrechenbar (non-participating)** oder **nichtanrechenbar (participating)** ausgestaltet sind.

Ist die **Liquidationspräferenz anrechenbar,** wird dem Investor sein Investment, das er bei der Erlösverteilung bevorzugt vor den anderen Gesellschaftern zurückerhält, bei der Verteilung des Exiterlöses an die übrigen Gesellschafter angerechnet. Der Restbetrag des Exiterlöses, den der Investor somit nach Rückfluss seines Investments an ihn rechnerisch erhalten würde, wird also um den Betrag des bereits zurückerhaltenen Investments reduziert. Die Liquidations-präferenz nimmt somit aufgrund der Anrechnung bei der weiteren Verteilung des Resterlöses nicht teil und ist somit *„non-participating".* *Die Variante einer anrechenbaren Liquidationspräferenz ist somit* **gründerfreundlich.**

Für die Gründer wirtschaftlich brisanter zeigt sich die Situation bei einer **nicht-anrechenbaren Liquidationspräferenz.** Hier nimmt der Investor, nachdem er bereits vorab sein volles Investment zurückerhalten hat, anschließend und ohne dessen Anrechnung, am vollen Exiterlös, der seiner Beteiligung am Stammkapital der Gesellschaft entspricht, teil *(„participating").*

Im Ergebnis kann der Investor somit bei einer nicht-anrechenbaren Liquidationspräferenz mehr erhalten, als ihm nach seiner eigentlichen Beteiligungsquote am Start-up zustehen würde (**„double dipping").** Aus Sicht der Gründer ist eine solche **investorenfreundliche** Regelung daher nicht interessengerecht und sollte wenn möglich komplett wegverhandelt oder zumindest ab einem bestimmten Mindesterlös als anrechenbar ausgestaltet werden.

Gleiches gilt für **mehrfache Liquidationspräferenzen (“Multiples",** z. B. 1,5 oder 2,0 des ursprünglichen Investments), die zu vermeiden sind, da sie in der Regel den Investor zu Lasten der übrigen Gesellschafter überproportional begünstigen und damit häufig die Risikoverteilung zwischen Investor und Gründer aus dem Gleichgewicht bringen.

Grundsätzlich ist bei der Ausgestaltung von Liquidationspräferenzen darauf zu achten, dass diese marktüblich sind. Das ist u. a. der Fall, wenn das Risiko für den Investor nicht minimiert wird bzw. ihm keine außergewöhnlichen Vorrechte (vorzeitiger Ausstieg, Entschädigungszahlungen, Bevorzugung bei Gewinnausschüttungen) zugesichert werden.

Die Liquidationspräferenzen werden im Laufe der folgenden Finanzierungs-runden weiter abgestuft, indem sich die späteren Investoren vor die Investoren der früheren Finanzierungsrunden schieben, was letztlich dazu führt, dass die späteren Investoren, die das Risiko für einen kürzeren Zeitraum getragen haben, bei der Verteilung der Exit-Erlöse bevorzugt werden (**„last in, first out")** (Weitnauer 2022, S. 406).

5.6 Founder-Vesting

▶ Unter **Founder-Vesting** versteht man eine (vertragliche) Regelung, nach der ein Gründer/Gesellschafter beim Ausscheiden aus dem Start-up seine Geschäftsanteile an dem Unternehmen ganz oder teilweise auf die übrigen Gesellschafter – insbesondere den Investor – (meist zum Nominalwert) übertragen muss.

Dies ist dadurch gerechtfertigt, dass der Investor dem Unternehmen sein Kapital ohne jegliche Sicherheiten zur Verfügung stellt und daher darauf vertrauen können muss, dass die operativ für das Unternehmen tätigen Gründer ihre gesamte Arbeitskraft dem Unternehmen widmen. Schließlich ist eine Investition in ein Start-up-Unternehmen in erster Linie faktisch auch eine Investition in die jeweiligen Gründerpersönlichkeiten.

Innerhalb der Gesellschaftervereinbarung sind daher eine Vielzahl von Regelungen denkbar, die den gänzlichen oder zumindest teilweisen **Verlust** der von den Gründern bzw. den Gesellschaftern am Start-up gehaltenen Geschäftsanteile bei einem (vorzeitigen, d. h. vor Ablauf der sog. **Vesting Periode** stattfindendem) Ausstieg zum Gegenstand haben. Die Beweggründe für den Ausstieg eines Gesellschafters können dabei vielfältig sein. So besteht die Möglichkeit, dass ein Gründer das Start-up aus autonomen Motiven (z. B. durch eigene ordentliche Eigenkündigung) oder zumindest ohne eigenes Verschulden (ordentliche Kündigung durch das Start-up) verlässt (,,**Good Leaver**'') oder dass er das Unternehmen – insbesondere wegen schuldhafter Pflichtverletzungen (Stichwort: fristlose Kündigung) – verlassen muss (,,**Bad Leaver**''). Für den letztgenannten Fall wird in der Praxis häufig sogar der Rückfall von eigentlich unverfallbaren Geschäftsanteilen der Gründer durch den VC-Geber vereinbart. In manchen Fällen gilt dies selbst auch dann, wenn der Gründer vor Ablauf der Vesting-Periode selbst kündigt (Eigenkündigung), ohne einen wichtigen Gründ für sein Ausscheiden zu haben (auch deser Fall stellt dann einen Bad Leaver dar; zur rechtlichen Wirksamkeit s. unten).

Die Unterscheidung zwischen Bad Leaver und Good Leaver ist somit für die Frage entscheidend, ob dem Gründer nach seinem Ausscheiden ein Teil seiner Beteiligung verbleibt und in welcher Höhe er eine Gegenleistung (entweder zum Nominal- oder Verkehrswert der Geschäftsanteile) erhält (Thelen 2020, S. 131).

▶ **Wichtig**
  Rechtstechnisch wird das Vesting in der Regel durch eine Call-Option des Investors umgesetzt, wonach sich die Gründer verpflichten, ihre Geschäftsanteile ganz oder teilweise an den Investor oder einen von diesem benannten Dritten abzutreten. In der Praxis geschieht dies bereits durch ein von den Gründern in der Gesellschaftervereinbarung abgegebenes Angebot (Beurkundungspflicht, § 15 Abs. 4 GmbHG!) zur Abtretung ihrer Geschäftsanteile, das dann im

Vesting-Fall vom Investor allein durch eine entsprechende notariell zu beurkundende Annahmeerklärung angenommen werden kann.

Der vorbeschriebene Weg über eine bereits vorab erklärte Abtretung der Geschäftsanteile im (vermeintlichen) Vesting-Fall verlagert das Prozessrisiko auf den Gründer, da bei Streitigkeiten über das Vorliegen eines Vesting-Grundes die Geschäftsanteile gleichwohl zunächst abgetreten werden und der Gründer (erst) dann dagegen gerichtlich vorgehen könnte.

Ferner setzt sich in der Praxis die Zwischenstufe eines „**Ordinary Leaver**" oder „**Grey Leaver**" durch: hierbei sollen die Fälle einer Eigenkündigung des operativ tätigen Gründungsgesellschafters erfasst werden, die im Vergleich zum Bad Leaver vorteilhafter und im Vergleich zum Good Leaver nachteiliger sind (Röchert 2017, S. 72).

Die Vereinbarung von Vesting-Klauseln hat sich im Venture Capital-Umfeld zum absoluten Marktstandard entwickelt. Grundsätzlich sind Vesting-Regelungen als rechtlich wirksam anzusehen, da meist ein sachlicher Grund gegeben ist:

Die operative Tätigkeit der Gründer ist für den Erfolg des Unternehmens von so immenser Bedeutung, dass die Beendigung dieser Tätigkeit als sachlicher Grund für die Entziehung der Beteiligung gesehen werden kann, zumindest dann, wenn ein nach Good und Bad Leaver differenzierendes Vesting vorgesehen ist, also für den Zeitraum, in dem der Gründer tätig war, dessen Beteiligung unverfallbar ist, oder im Falle eines Bad-Leaver-Falles die gevesteten Anteile zum Verkehrswert abgefunden werden (Thelen 2020, S. 132; Weitnauer 2022, S. 409 ff.).

Ferner sollte in der vertraglichen Gestaltung eine entsprechende Auffangregel vereinbart werden, wonach im Falle der Unwirksamkeit einer Abfindungsregelung die niedrigste zulässige Abfindung/Gegenleistung geschuldet wird (Thelen 2020, S. 133).

▶ Insbesondere die in der Praxis übliche Variante, wonach eine Eigenkündigng eines Gründers vor Ablauf der Vesting-Periode einen Bad Leaver darstellt, begegnet juristischen Bedenken, da der Gründer das Unternehmen gegründet, von Anfang an alle unternehmerischen Risiken getragen und durch seine operative Tätigkeit aufgebaut hat (Thelen 2020, S. 132). Man kann daher die Meinung vertreten, dass ein Verfall sämtlicher Geschäftsanteile bei Beendigung der Tätigkeit für das Start-up nur dann gerechtfertigt ist, wenn der Gründer hierfür einen wichtigen Grund gesetzt hat, Thelen 2020, a. a. O.).

Um die Interessen der Gründer angemessen zu berücksichtigen, sollte ferner über ein sog. **„Accelerated Vesting"** sichergestellt sein, dass im Fall eines vorzeitigen Exits die Vesting Periode endet und somit alle vom Gründer gehaltenen Geschäftsanteile unverfallbar („gevested") werden. Dieses wird jedoch sinnvollerweise durch eine sog. Post-Exit-Periode ergänzt, bis zu deren Ablauf sich die Gründer weiterhin verpflichten, auch nach einem Exit für das Unternehmen tätig zu sein.

Ferner sind auch häufig auch sog. **Fade-out**-Regelungen anzutreffen. Hat sich der Gründer z. B. nach Ablauf der Vesting-Periode alle Anteile erdient und verlässt er dann das Unternehmen als Good Leaver, so werden diese bereits erdienten Anteile wieder auf einen bestimmten **Floor** (z. B. 50 % der eigentlich bereits gevesteten Anteile) reduziert, wenn der Exit erst einige Zeit später erfolgt.

Weitere Regelungen des Beteiligungsvertrages (im weiteren Sinne)

Neben dem Beteiligungsvertrag (im engeren Sinne) und der Gesellschaftervereinbarung, treffen der Investor und die Gründer im Einzelfall weitere selbstständige Vereinbarungen (Abb. 6.1).

Daneben sollten die Gründer darauf achten, dass ggf. bereits bestehende **Verträge** auf die neue (gesellschaftsrechtliche) Situation des Start-ups **angepasst** (oder zugunsten der neuen Vereinbarungen mit dem Investor aufgehoben) werden. Hierzu gehören in erster Linie die **Geschäftsordnung** und die **Anstellungsverträge** der Geschäftsführer.

6.1 Geschäftsordnung

Die Geschäftsordnung regelt das **Verhältnis** der Gesellschaft zu den (Gesellschafter-) Geschäftsführern. Da ein Geschäftsführer das Unternehmen ohne Einschränkungen nach außen vertreten kann (schon bei der Prokura sind Beschränkungen im Außenverhältnis nach § 50 Abs. 1 HGB unwirksam), wird meist ein **Katalog** mit geschäftlichen Handlungen aufgestellt, für deren Durchführung der Geschäftsführer die **Zustimmung** der Gesellschafterversammlung und/oder des Investors benötigt.

Zu solchen Maßnahmen können u. a. der Abschluss von bedeutenden operativen Verträgen, die Einstellung von Mitarbeitern einer gewissen Gehaltsstufe, die Verabschiedung wichtiger Unternehmenspläne oder etwa die Kreditaufnahme gehören. Im Übrigen empfiehlt es sich, das Unternehmen verpflichtende Geschäfte ab einem bestimmten **Schwellenwert** dem Zustimmungsvorbehalt der

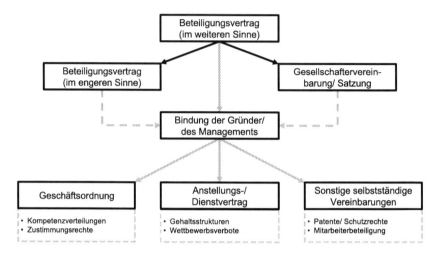

Abb. 6.1   Bindung der Gründer an das Start-up

Gesellschafter zu unterstellen. Schließt der Geschäftsführer dann ein zustimmungspflichtiges Geschäft ohne die Zustimmung der Gesellschafter ab, ist dies im Außenverhältnis zwar wirksam, im Innenverhältnis macht sich der Geschäftsführer aber gegenüber dem Unternehmen schadensersatzpflichtig.

6.2 Anstellungsverträge der Gründer/Geschäftsführer

Der VC-Geber wird sein Investment an das Start-up und nicht (ausgenommen der Fall eines Secondary liegt vor, siehe oben Einl. zu 3.) an die Gründer leisten. Wie bereits erörtert wurde, sollten Unternehmensgründer deshalb im besonderen Maße auf die Ausgestaltung ihrer Anstellungsverträge achten, da diese ihren **Lebensunterhalt** sichern (s. hierzu auch Hahn 2022 § 7 2.1.3.4.2).

Die Gründer und anderen Expertise-Träger (**„key-persons"**) des Start-ups müssen darauf vorbereitet sein, dass VC-Geber ferner auf die Vereinbarung einer Wettbewerbsbeschränkung bestehen werden. Solche **Wettbewerbsverbote** bezwecken, dass Leistungsträger des Start-ups nicht für Konkurrenzunternehmen der gleichen Branche tätig werden und/oder frühzeitig die Gesellschaft verlassen.

Solche Regelungen ergeben sich auch ohne vertragliche Regelung gesetzlich für die AG aus § 88 AktG und für (ehemalige) Geschäftsführer der GmbH aus

§§ 88 AktG, 112 HGB und der ihnen obliegenden (ungeschriebenen) Treuepflicht. Das Wettbewerbsverbot gilt gleichermaßen für Gesellschafter-Geschäftsführer wie für Fremdgeschäftsführer. Auch jede Beteiligung eines Geschäftsführers an einem konkurrierenden Unternehmen ist davon umfasst (Weitnauer 2022, S. 415 ff.). Für Gesellschafter ist ein Wettbewerbsverbot insoweit anzunehmen, als sie beherrschenden Einfluss auf die Gesellschaft haben, also zum Beispiel aufgrund ihrer Gesellschafterstellung wichtige Entscheidungen blockieren können.

6.3 ESOP/VSOP

Um die „key-persons" dauerhaft an das Start-up zu binden, sollten sich die Gründer wie auch der VC-Geber frühestmöglich einigen, inwiefern **High-Performer** an dem Unternehmen **beteiligt** werden können. Darüber hinaus kann es sinnvoll sein, auch die Gründer selbst wie insbesondere erst später zum Start-up hinzutretende „Co-Founder", die aufgrund der angesprochenen Regelungen zum Verwässerungsschutz und zu Liquidationspräferenzen laufen, bei der Verteilung des Exit-Erlöses keine ausreichende Kompensation für ihr Engagement zu erhalten, durch weitere (virtuelle) Anteile zu incentivieren.

Dementsprechend sollten sowohl die Grundlagen eines Mitarbeiter- und Managerbeteiligungsprogramms als auch die entsprechende Verwässerung der Beteiligungsquote des VC-Gebers und/oder der Gründungsgesellschafter bereits in der Gesellschaftervereinbarung justiert werden.

▷ So wird bereits in der Gesellschaftervereinbarung vereinbart, auf Basis welcher Bewertung und in welchem Umfang (bestimmte Beteiligungsquote) das Beteiligungsprogramm ausgegeben werden soll. Durch eine entsprechende Regelung stimmen die Gesellschafter (Gründer/Investoren) also bereits im Vorfeld einer entsprechenden (wirtschaftlichen) Verwässerung ihrer Beteiligungsquote zu. Es kann auch vereinbart werden, dass diese Verwässerung ausschließlich von den Gründern und nicht von den Investoren zu tragen ist.

Unter dem Sammelbegriff „ESOP" haben sich in der Praxis verschiedene Modelle herausgebildet, die sich in ihrer rechtlichen Ausgestaltung und Komplexität erheblich unterscheiden und somit auch in ihrer tatsächlichen Umsetzung im Unternehmen unterschiedlich aufwendig sind (vgl. Hahn 2023, S. 3).

Mit einer Option („Stock Option") gewährt die Gesellschaft den Begünstigten ein Bezugsrecht auf eigene Geschäftsanteile des Unternehmens. Deren Umsetzung erfordert regelmäßig aufwendige gesellschaftsrechtliche Prozesse und verursacht teils erhebliche Folgekosten, da die Übertragung der Anteile (ebenso wie die Verpflichtung dazu) bei der GmbH/UG stets den Gang zum Notar erfordert (§ 15 Abs. 3, 4 GmbHG). Auf die jeweils übernommenen Geschäftsanteile ist ferner nach gesellschaftsrechtlichen Grundsätzen auch tatsächlich eine (Bar-) Einlage vom jeweiligen Begünstigten zu erbringen. So muss der Begünstigte erst einmal persönlich Geldzahlungen leisten, ehe er Anteile am Unternehmen erhält (Hahn 2023, S. 8 f.).

▶ **Wichtig**
Virtuelle Anteile sind in diesem Zusammenhang für Key Persons nach wie vor oftmals die bessere Alternative, sofern nicht aus zwingenden Gründen Anteilsübertragungen zwischen den Gründern selbst stattfinden sollen oder eben weitere Mitgründer (Co-Founder) nachträglich aufgenommen werden sollen.

Die Problematik, die sich bisher aus der Gefahr der Besteuerung der Übertragung von echten Anteilen bereits im Zeitpunkt der Zuteilung – und zwar ohne tatsächlichen Geldfluss – ergab, ist allgemein als „Dry Income"-Problematik bekannt. Diese wurde zwar durch das am 15.12.2023 in Kraft getretene Zukunftsfinanzierungsgesetz teilweise entschärft.

Der Gehaltsbestandteil wird allerdings weiterhin mit dem hohen individuellen Steuersatz des Begünstigten besteuert und nicht etwa mit einer niedrigeren Pauschalbesteuerung. Bei Beendigung des Dienstverhältnisses bzw. nach Ablauf von 15 Jahren seit Anteilserwerb kann eine Nachversteuerung nur vermieden werden, wenn der Arbeitgeber die Übernahme der Haftung für die Lohnsteuer sowohl bei unentgeltlicher als auch bei entgeltlicher Übertragung der Anteile erklärt, was sicherlich nicht für jedes Unternehmen akzeptabel ist. In der Praxis bieten daher echte Anteile angesehen von der grundsätzlichen niedrigeren Besteuerung beim Begünstigten (Kapitalertragsteuer) weiterhin viele Unsicherheiten. Der eigentliche Sinn und Zweck einer Beteiligung, nämlich die wirtschaftliche Teilhabe beim Exit, ist daher nach wie vor wesentlich einfacher über virtuelle Anteile zu erreichen, zumal hier auch der Gang zum Notar und somit Kosten entfallen.

Besonders bei der GmbH oder UG bietet es sich daher an, High-Performer über eine schuldrechtliche Vereinbarung („VSOP", „Virtual Stock Option Plan") vermögensmäßig so zu stellen, als wären diese mit einer bestimmten Zahl von Geschäftsanteilen an dem Unternehmen beteiligt („virtuelle Geschäftsanteile"), vgl. Abb. 6.2.

Im Ergebnis wird somit mit einer virtuellen Beteiligung das identische wirtschaftliche Ergebnis erreicht, das aufwendige Stock Option Programme mit realen Anteilen ebenso zum Ziel haben. Die virtuellen Geschäftsanteile stellen dabei schuldrechtliche Nachbildungen der tatsächlichen Geschäftsanteile dar. Über die „Ausgabe" der virtuellen Geschäftsanteile hinaus erhält der Begünstigte keine

Abb. 6.2 Varianten einer virtuellen Beteiligung

Stellung als – in die Gesellschafterliste des Handelsregisters eingetragener – Gesellschafter sowie keine Teilnahme- oder Stimmrechte in einer Gesellschafterversammlung der Gesellschaft. Dem Begünstigten steht indessen ein Anspruch auf Zahlung der Differenz zwischen dem Wert eines virtuellen Geschäftsanteils im Zeitpunkt der Einräumung und dem Wert im Zeitpunkt der Ausübung zu. Sollte das Unternehmen also in diesem Zeitraum einen Wertzuwachs erfahren, so wird dem Begünstigten diese Differenz („Differenzausgleichsanspruch") ausgezahlt.

Zum einen können auch außerhalb des Unternehmens stehende Leistungsträger (Freelancer) dem Start-up Know-how **geben** und als Gegenleistung hierfür (virtuelle) Geschäftsanteile erhalten **(Variante 1)**. In rechtlicher Sicht handelt es sich bei dieser Ausgestaltung – ungeachtet der Terminologie – um eine sog. typische stille Beteiligung im Sinne einer klassischen **stillen Gesellschaft** (§ 230 ff. HGB), im Rahmen derer der stille Gesellschafter allein an den Wertsteigerungen der Gesellschaft beteiligt ist und darüber hinaus regelmäßig das Recht auf Zahlung einer Gewinnausschüttung erhält. Diese (allein) schuldrechtliche Beteiligung gewährt ihm jedoch weder die Rechte eines in die Gesellschafterliste des Handelsregisters eingetragenen Gesellschafters noch Teilnahme- oder Stimmrechte in einer Gesellschafterversammlung der Gesellschaft. Darüber hinaus kann der – innerhalb des Unternehmens stehende (interne) – Know-how Träger die virtuellen Geschäftsanteile auch als Gegenleistung – und insofern als eine Form von **Arbeitsentgelt/-lohn** – für hervorragende Leistungen innerhalb seiner unselbstständigen Tätigkeit **annehmen (Variante 2)**. Diese Differenzierung wirkt sich insbesondere auf die **Besteuerung** der erhaltenen virtuellen Geschäftsanteile aus (diesbezüglich s. Hahn 2023, § 10 2.2.2).

Darüber hinaus besteht die Möglichkeit, dass der Investor die Geschäftsleitung des Start-ups **beratend** unterstützt unf fürr seine Beratungsleistungen eine virtuelle Beteiligung erhält. In jedem Fall ist jedoch darauf zu achten, dass die Zuteilung der virtuellen Geschäftsanteile über ein **Performance-Vesting** unter der aufschiebenden Bedingung der Erbringung des jeweils versprochenen Kontingents an Beratungsleistungen steht, die Geschäftsanteile also erst mit vollständiger Erbringung der Beratungsleistungen über ein „**Reverse Vesting**" als unverfallbar („gevestet") gelten.

Unabhängig davon, dass bei Widersprüchen zwischen der Gesellschaftervereinbarung und dem Gesellschaftsvertrag im Zweifel die **individuell** zwischen dem Investor und den Gründern vereinbarten vertraglichen Regelungen **vorrangig** gelten (vgl. Weitnauer 2022, S. 421), sollten folgende Vereinbarungen in den Gesellschaftsvertrag mitaufgenommen werden:

- **Kontrolle** des Gesellschafterbestandes/**Vinkulierung**
- Schaffung von besonderen Klassen von Geschäftsanteilen wie Stammgeschäftsanteile (**Common Shares**) und Vorzugsgeschäftsanteile (**Prefered Shares**) wie z. B. Seed-Anteile, Series A-Anteile, etc.)
- **Einziehung** von Geschäftsanteilen bei der **Insolvenz** eines Gesellschafters oder bei einer wesentlichen Änderung der Beteiligungsverhältnisse eines Gründer-Vehikels **(Change of Control),** sofern die Gründer ihre Beteiligung nicht selbst, sondern über eine Beteiligungs-GmbH/UG halten
- Wettbewerbsverbot

Bei der Schaffung besonderer Klassen von Geschäftsanteilen ist es wichtig, in der Satzung festzulegen, dass die Vorzugsgeschäftsanteile (Prefered Shares) die Rechte und Vorzüge gemäß den Bestimmungen des Gesellschaftsvertrags (soweit solche Rechte und Vorzüge festgelegt sind) und im Übrigen die gleichen Rechte untereinander wie die „normalen" Stammgeschäftsanteile (Common Shares) vermitteln. Die Einteilung der Geschäftsanteile in verschiedene Klassen darf daher dabei kein besonderes Beschlusserfordernis im Rahmen der Gesellschafterversammlung begründen.

© Springer Fachmedien Wiesbaden GmbH, ein Teil von Springer Nature 2024   55
C. Hahn, *Der Beteiligungsvertrag*, essentials,
https://doi.org/10.1007/978-3-658-44428-0_7

Im Rahmen der dortigen Beschlussfassung gilt daher, dass sowohl Stamm- als auch Vorzugsgeschäftsanteile grundsätzlich eine Stimme je Geschäftsanteil gewähren.

Unter Vorzugsgeschäftsanteil ist daher (nur) zu verstehen, dass die betreffenden Geschäftsanteile mit den in der Satzung oder im Gesellschaftsvertrag vorgesehenen schuldrechtlichen Sonderrechten des Investors (z. B. Liquidationspräferenz, Verwässerungsschutz) ausgestattet sind.

Ferner ist festzulegen, dass eine Aufhebung oder Änderung der mit einem Geschäftsanteil verbundenen Rechte und Vorrechte (soweit solche festgelegt sind) stets der Zustimmung des Inhabers des jeweiligen Vorzugsgeschäftsanteils, also des Investors, bedarf.

Zusammenhänge zwischen den einzelnen Vereinbarungen

8

Unabhängig davon, ob Beteiligungsvertrag und Gesellschaftervereinbarung in einer Urkunde oder in getrennten Dokumenten abgeschlossen werden, ist es erforderlich, dass diese sowie die Satzung und sonstige Regelungen zur (dauerhaften) Bindung der Gründer, Geschäftsführer und Know-how-Träger an das Start-up nicht losgelöst voneinander, sondern so **aufeinander abgestimmt** sind, dass „ein Rädchen ins andere greift". (s. hierzu Abb. 8.1).

Fazit

Zur **Beteiligung** der Kapitalgeber schließen die Gründer gemeinsam mit dem Investor einen **Beteiligungsvertrag** ab, der eine Anpassung des **Gesellschaftsvertrages (Satzung),** eine **Gesellschaftervereinbarung,** sowie ggf. eine darüber hinaus gehende **Geschäftsordnung** und **Anstellungsverträge** der Geschäftsführer/Gründer beinhaltet. Insbesondere in der Gesellschaftervereinbarung erhält der Investor **Sonderrechte,** zu denen bspw. Informations- und Mitspracherechte sowie Verwässerungsschutz oder Liquidationspräferenzen gehören.

© Springer Fachmedien Wiesbaden GmbH, ein Teil von Springer Nature 2024   57
C. Hahn, *Der Beteiligungsvertrag*, essentials,
https://doi.org/10.1007/978-3-658-44428-0_8

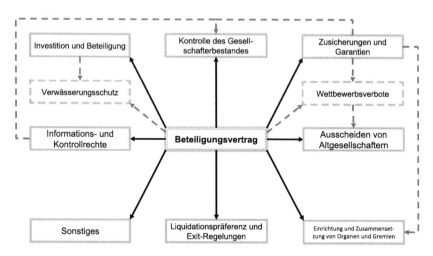

Abb. 8.1 Zusammenhänge zwischen den einzelnen Vereinbarungen.
(Beteiligungsvertrag im weiteren Sinne)

Was Sie aus diesem *essential* mitnehmen können

- Im Beteiligungsvertrag legen die Gründer und der Investor fest, wie die Struktur der Beteiligung (Kapitalerhöhung) und zu welchen Konditionen (Investment und Beteiligungsquote) die Finanzierung des Start-ups erfolgen sowie welche sonstigen Pflichten (z. B. Zusicherungen und Garantien der Gründer) die Parteien treffen.
- Unter einer Gesellschaftervereinbarung sind Regelungen zwischen den einzelnen Gesellschaftern zu verstehen, in denen u. a. Verhaltenspflichten für die Gründer (z. B. Informations- und Kontrollrechte des Investors) definiert werden, die bis hin zu detailliert ausgestalteten Vorkaufsrechten (Right of first refusal) für den Fall des Ausscheidens eines (Gründungs-) Gesellschafters gehen können. Weitere typische Bestimmungen betreffen u. a. Verkaufspflichten (Drag Along) und -rechte (Tag Along), Verwässerungsschutz des Investors oder Liquidationspräferenzen zur finanziellen Bevorzugung des Investors beim Exit.
- Als Gegenleistung für sein Investment erhält der Investor Anteilsrechte am Unternehmenskapital („equity"). Darüber hinaus steht der Investor der Gesellschaft oftmals beratend zur Seite („smart money").
- Die Beteiligung des Investors sowie die Bereitstellung seines Investments erfolgen im Rahmen einer Finanzierungsrunde, die in die Stadien Letter of Intent, Vertraulichkeitsvereinbarung, Due Diligence sowie Abschluss des Beteiligungsvertrages samt Gesellschaftervereinbarung untergliedert werden kann.

C. Hahn, *Der Beteiligungsvertrag*, essentials,
https://doi.org/10.1007/978-3-658-44428-0

- Sofern der Investor das Start-up nicht bereits mitgründet, erfolgt die Beteiligung in aller Regel über eine Kapitalerhöhung, bei der neue Geschäftsanteile geschaffen und vom Investor gegen Zahlung seines Investments übernommen werden.

Literatur

Beisel, W., und H.-H. Klumpp. 2016. *Der Unternehmenskauf. Gesamtdarstellung der zivil- und steuerrechtlichen Vorgänge einschließlich gesellschafts-, arbeits- und kartellrechtlicher Fragen bei der Übertragung eines Unternehmens.* München: Beck.

Fleischer, H., und W. Goette. 2022. *Münchener Kommentar zum Gesetz betreffend die Gesellschaft mit beschränkter Haftung – GmbHG,* Bd. 1. §§ 1–34. München: Beck.

Hahn, C. 2022. *Venture Capital – Finanzierung und Bewertungvon Start-up-Unternehmen,* 3. Aufl. Wiesbaden: Springer Gabler.

Hahn, C. 2023. *Virtuelle Mitarbeiterbeteiligung, Grundlagen, Aufbau und praktische Formulierungsbeispiele (essentials),* 3. Aufl. Wiesbaden: Gabler.

Henssler, M., und L. Strohn. 2021. *Gesellschaftsrecht. BGB. HGB. PartGG. GmbHG. AktG. UmwG. GenG. IntGesR,* 5. Aufl. München: Beck.

Maidl, J., und R. Kreifels. 2003. Beteiligungsverträge und ergänzende Vereinbarungen. *NZG* 2003: 1091–1095.

Mellert, C.R. 2003. Venture Capital Beteiligungsverträge auf dem Prüfstand. *NZG* 2003: 1096–1100.

Michalski, L. 2023. *Gesetz betreffend die Gesellschaft mit beschränkter Haftung (GmbH-Gesetz),* Band II. §§ 35–85 GmbHG. §§ 1–4 EGGmbHG. München: Beck.

Müller, W., und N. Winkeljohann. 2021. *Beck'sches Handbuch der GmbH. Gesellschaftsrecht – Steuerrecht.* München: Beck.

Röchert, N. 2017. Neue Trends und Standards bei der Beteiligungsdokumentation, Start-up 2017. *VentureCapital Magazin* 2017: 70–72.

Roth, G.H., und H. Altmeppen. 2021. *Gesetz betreffend die Gesellschaften mit beschränkter Haftung (GmbHG).* München: Beck.

Saenger, I., und M. Inhester. 2020. *GmbHG. Handkommentar.* Baden-Baden: Nomos.

v. Einem, C., S. Schmid, und A. Meyer. 2004. „Weighted Average" – Verwässerungsschutz bei Venture Capital-Beteiligungen. *BB* 2004: 2702–2705.

Thelen, M. 2020. *Beteiligungsverträge in der notariellen Praxis.* Rheinische Notar Zeitung 2020: 121–148.

Weitnauer, W. 2001. Der Beteiligungsvertrag. *NZG* 2001: 1065–1073.

Weitnauer, W. 2018. *Formerfordernisse von Vereinbarungen über Unternehmensbeteiligungen: Ein unnötiger Ballast?* GWR 2018: 245–249.

© Der/die Herausgeber bzw. der/die Autor(en), exklusiv lizenziert an Springer Fachmedien Wiesbaden GmbH, ein Teil von Springer Nature 2024
C. Hahn, *Der Beteiligungsvertrag,* essentials,
https://doi.org/10.1007/978-3-658-44428-0

Weitnauer, W. 2022. *Handbuch Venture Capital. – Von der Innovation zum Börsengang.* München: Beck.

Weitnauer, W. 2024. Genehmigtes Kapital: Der Schlüssel für die Vereinfachung von Investmentprozessen. *GWR* 2024: 1–5.

Zetzsche, D. 2002. Sicherung der Interessen von (Wagnis-)Kapitalgebern. Zum Verhältnis von Satzung, Vertrag und Nebenordnung in der kleinen Aktiengesellschaft. *Neue Zeitschrift für Gesellschaftsrecht* 2002: 942–948.

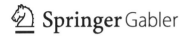

Printed in the United States
by Baker & Taylor Publisher Services